Metodo

DI

CONTRABASSO

DI

G. BOTTESINI

Diviso in due parti

N. 41708 Parte 1ª _ Del Contrabasso in Orchestra Fr. 24
  „ 41709   „ 2ª _ Del Contrabasso solista _____ „ 10
METODO COMPLETO _ FR. 30

MILANO   Prop. dell'Editore
R. Stabilimento
TITO DI G. RICORDI
NAPOLI   ROMA   FIRENZE

Una nota su questa pubblicazione

Una tappa obbligatoria della formazione di ogni studente di contrabbasso consiste nello studio del metodo di Bottesini, solitamente proposto come una serie di brevi esercizi contenuti in un libretto privi di alcuna nota scritta. Quando ho iniziato a studiare questo metodo non ero a conoscenza del fatto che Bottesini avesse inserito dei commenti scritti ai suoi studi, e ho lavorato eseguendo progressivamente gli esercizi finché non mi sono imbattuto in una copia del metodo originale, scritta in francese. Rimasi sorpreso nel trovare un testo scritto dal nostro autore che spiegasse gli esercizi e che riportasse le sue esperienze nel suonarli.

Sono rimasto perplesso dal perché questo dettaglio si fosse perso nelle successive edizioni, e sul perchè le case editrici avessero chiesto al più famoso contrabbassista virtuoso del tempo di scrivere un manuale per poi ometterne parte del contenuto. Inizialmente pensavo che questo metodo fosse stato pubblicato soltanto in italiano e in francese e che, sfortunatamente, non fosse mai stato tradotto in inglese. Mi sono chiesto se avrebbero potuto esserci dei vantaggi nel tradurlo in inglese, rendendolo così accessibile ai musicisti anglofoni; tuttavia questa sarebbe stata un'impresa significativa e ho quindi dovuto rimandare. Soltanto in un momento successivo, mentre svolgevo un'altra ricerca presso la British Library di Londra, mi sono imbattuto in ben tre versioni del metodo di Bottesini: una in italiano, una in francese ed una, per mia sorpresa, in inglese! Questo potrebbe significare che le versioni in inglese furono stampate in numero limitato e ciò ha sicuramente costituito una perdita significativa per la comunità dei contrabbassisti.

Dopo questa scoperta decisi che avrei dovuto ridare luce a questo metodo per dare la possibilità ad altri di studiarlo e di riscoprire il genio di Bottesini. Poiché il metodo venne stampato più di cento anni fa le matrici di stampa originali non esistono più; sarebbe stato perciò impossibile ristampare usando le stesse matrici. Sembrerebbe inoltre, secondo una ricerca effettuata nel catalogo internazionale delle biblioteche, che della versione in inglese esistano soltanto cinque copie in tutto il mondo. In virtù di questo la British Library ha sostenuto il mio progetto, permettendomi di ristampare un facsimile di tutte e tre le versioni originali della collezione in loro possesso.

Verso la nuova edizione

Grazie alla squadra di archivisti della British Library i tre metodi sono stati fotografati in alta risoluzione, dandomi la possibilità di dar vita a questa ristampa. Ogni pagina è stata modificata singolarmente per correggerne sia le prospettive che il colore. L'immagine sotto mostra, sul lato sinistro, come il colore è stato rimosso:

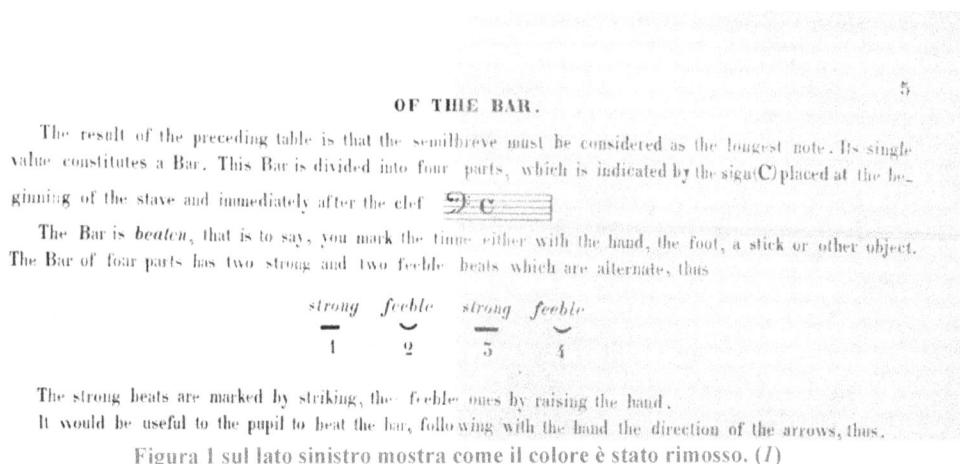

OF THE BAR.

5

The result of the preceding table is that the semibreve must be considered as the longest note. Its single value constitutes a Bar. This Bar is divided into four parts, which is indicated by the sign(C) placed at the beginning of the stave and immediately after the clef

The Bar is *beaten*, that is to say, you mark the time either with the hand, the foot, a stick or other object. The Bar of four parts has two strong and two feeble beats which are alternate, thus

strong feeble strong feeble
1   2   3   4

The strong beats are marked by striking, the feeble ones by raising the hand.
It would be useful to the pupil to beat the bar, following with the hand the direction of the arrows, thus.

Figura 1 sul lato sinistro mostra come il colore è stato rimosso. (*1*)

Le imperfezioni dei caratteri sono dovute non ad una perdita di chiarezza durante il processo di revisione, ma ad una mancanza di inchiostro sulle matrici originali, dato che il libro fu realizzato imprimendo l'inchiostro direttamente sulla pagina. Come menzionato prima, le matrici originali non esistono più, perciò questo è l'unico modo per poter conservare questi documenti, come viene mostrato nell'immagine successiva.

OF THE MAJOR MODE.

es which have the interval of a semitone
mode.. Divided in half they proceed by ton

Figura 2 Mostra I difetti di stampa delle lettere. (1)

Ho migliorato ogni pagina digitalmente in modo da rendere il testo il più chiaro possibile, impostando diversi livelli di contrasto e inspessendo i caratteri per dare sufficiente dettaglio e poter rendere le parole leggibili. L'immagine successiva mostra quanto il testo sia più chiaro e leggibile, dopo l'elaborazione.

OF THE MAJOR MODE.

es which have the interval of a semitone
mode.. Divided in half they proceed by ton

Figura 3 che mostra come il testo è stato reso più
chiaro mediante la modifica. (1)

Si sarebbe potuto dar vita ad una nuova edizione critica dell'intero libro e degli esempi musicali in esso contenuti, ma sarebbe stato un lavoro troppo impegnativo e sicuramente non avrebbe conservato lo stesso fascino e carattere della pubblicazione originale. Questo potrebbe essere un progetto per il futuro, se ci fosse sufficiente richiesta. Lo scopo di questa pubblicazione è primariamente quella di conservare le informazioni riportate nel libro e di renderle di nuovo accessibili ai contrabbassisti.

Metodo di insegnamento di Bottesini

Preparando questa edizione ho avuto modo di dare uno sguardo al fascino di Bottesini come persona, oltre che al modo in cui egli si approcciava a questo enorme strumento. Una delle cose più divertenti che si scoprono leggendo questo libro è quanto Bottesini fosse diretto nelle sue opinioni. Bottesini infatti parla di sé nell'introduzione:

"Mi affretto di prevenire chi potrebbe accusarmi d'un certo esclusivismo, più apparente che reale, che io rispetto l'opinione altrui ma che dico francamente la mia."[1]

Questa sua sincerità è molto evidente nel discorso riguardante l'archetto alla Dragonetti di cui dice:

"Questa posizione, come si vede, manca primieramente d'eleganza. Benchè a primo aspetto paja favorevole ad un buono attacco delle corde, ella ha tuttavolta il grave inconveniente di

---

[1] G.Bottesini, *Metodo di contrabasso* (Milano: Ricordi, 1870), Pagina di prefazione.

soffocare i suoni, avvegnachè i crini dell'arco adoperato in questo modo, arrestandosi sulle corde ne impediscono la vibrazione"[2]

È chiaro che Bottesini si accostava alla musica non solo come strumentista ma anche come esperto di armonia, composizione ed arrangiamento, grazie ai suoi studi al conservatorio di Milano. L'autore, nel libro, spiega infatti i principi fondamentali delle scale e dell'armonia. Questi sono stati purtroppo omessi nelle successive riedizioni ma, ovviamente, sono dettagli molto importanti per l'autore per poter rendere lo studente un musicista a tutto tondo. Usando le parole di Bottesini:

"Benchè, rigorosamente parlando, non si esiga dal suonatore di Contrabbasso alcuna nozione d'Armonia, noi crediamo tuttavolta far cosa di non poco giovamento al nostro allievo aggiungendo a questi brevi di Solfeggio alcune primissime nozioncelle intorno a quella scienza, o per meglio dire intorno al senso di certi vocaboli all'Armonia attenenti, vocaboli per cosi dire necessari a tutti quelli che hanno ricevuto una certa qual educazione musicale."[3]

È mia opinione che Bottesini scrivesse prima l'armonia e la melodia e poi, attraverso la sua speciale connessione con lo strumento, trovasse il modo migliore per dare voce alle sue idee. Oggigiorno, invece, la maggior parte dei musicisti 'classici' sono solitamente o esecutori o compositori e, raramente, entrambi (anche se, naturalmente, c'è sempre l'eccezione alla regola).

Attraverso gli esercizi Bottesini rivela anche qualche segreto su come suonare alcune sezioni dei suoi pezzi. Nel corso del libro ogni studio è stato diteggiato meticolosamente in dettaglio, spiegando dove suonare certi passaggi e i vari salti di corda da utilizzare. Una cosa che è molto evidente già dall'inizio del libro è che Bottesini richiede all'allievo di cambiare posizioni longitudinalmente sulle corde (pagina 32) (*1*) quasi dal primo esercizio, in aperto contrasto con altri metodi, come ad esempio quello di Simandl (*2*), che si concentra invece sull'imparare ogni posizione in blocco per poi passare alla successiva. Presumo che Bottesini non volesse che l'alunno avesse timore di muoversi lungo le corde con i cambi di posizione, evitando così i salti di corda. Sebbene il metodo sia stato elaborato per usare la diteggiatura *uno-tre-quattro* tutti gli esercizi possono essere suonati usando la tecnica *uno-due-quattro*. Bottesini, inoltre, non sempre usa il metodo *uno-tre-quattro*: la sua tecnica prevede infatti l'apertura e la chiusura della mano sinistra durante l'esecuzione di alcuni semitoni, utilizzando la diteggiatura *uno-quattro* anziché *uno-tre*. Sembra che questa tecnica fosse stata sviluppata per evitare la stanchezza muscolare che viene spesso nominata nel libro, in particolar modo quando si suona nelle posizioni più gravi.

La scelta delle diteggiature mostra il suo modo di suonare secondo lo stile del "bel canto": utilizza spesso lo stesso dito per suonare più note (pagina 88) (*1*), secondo un sistema che lui stesso definisce come il "portare" una nota legata ad un'altra senza togliere la mano dalla corda, facendoci intendere che non avrebbe alleggerito la pressione sulla corda durante lo spostamento. In aggiunta a questo, spiega:

"Lo strisciare o scivolare colle dita sopra una corda facilita il passare da un tono all'altro con buona intonazione specialmente nei passi pericolosi. Egli è però necessario evitare con accortezza di far sentire la distanza che passa da una nota legata all'altra, cosa che sarebbe d'un cattivissimo effetto dove avesse luogo. Procurisi adunque di cader sulla nota con facilità e disinvoltura."[4]

[2] *Ibid.*, 8.
[3] *Ibid.*, 20.
[4] *Ibid.*, 88.

Nel corso della riscoperta di questo metodo sono emerse altre due altre tecniche utilizzate dall'autore nell'esecuzione nella zona degli armonici: nel caso di una nota non appartenente agli armonici naturali, Bottesini sceglieva infatti o di stringere la corda tra il pollice e l'indice oppure di premere con forza contro la corda. Non fa menzione in quale direzione la corda dovesse essere premuta (personalmente, immagino verso sinistra), ma sembra che utilizzasse questo modo di alterare l'altezza di un armonico naturale, optando invece per lo stringere la corda tra pollice e indice quando necessitava di utilizzare una nota premuta che non combaciasse con un armonico naturale oppure che fosse al di fuori del registro della tastiera.

Bottesini mostra in due esercizi a pagina 116 del metodo (1) come lo studente debba premere contro la corda per alterare il suono del Do armonico sulla corda di Re, per ottenere un Do diesis appartenente alla scala di Re maggiore. Nell'esercizio successivo dà istruzioni all'allievo di stringere la corda tra le dita per ottenere un La diesis sulla prima corda, quindi un suono non compreso negli armonici naturali e posto al di fuori della tastiera. Le diteggiature utilizzate da Bottesini nei passaggi di armonici mostrano come preferisse eseguire questi passaggi avvicinandosi al ponte, anziché ottenere gli stessi suoni attraverso l'utilizzo di armonici artificiali in zone più gravi della tastiera. Credo che questo sia il motivo per cui nei giornali dell'epoca si trovano molte illustrazioni umoristiche in cui Bottesini si arrampica sul suo contrabbasso.

Figura 4 The Illustrated Sporting And Dramatic News, 23 ottobre 1886, pagina 159. (8)

Bottesini ci dà anche un'idea di quali strumenti usava e preferiva: da notare la sua scelta di archetto con impugnatura alla francese simile a quello del violoncello, preferendo crini neri (pagina 25) (1) e tre corde anziché quattro[5]. Sia in questo libro che in altre interviste che ho letto, Bottesini è sprezzante nei confronti dell'uso degli archetti alla Dragonetti o del tipo tedesco. Cita inoltre come la misura degli archetti variasse molto di più in lunghezza rispetto a quelli degli altri strumenti ad arco, tra i 21 ½ pollici (55 cm) ed i 27 ½ (70 cm) di lunghezza[6]. In un'intervista allo *Sheffield Independent* di lunedì 21 novembre 1887 intitolata 'Bottesini on the Double Bass', informa il giornalista di come avesse provato diverse

---

[5] *Ibid., 7.*
[6] *Ibid., 25.*

lunghezze di arco prima di trovare la sua lunghezza ottimale, fornendo così il fondamento logico alle misure fornite nel metodo (1) (3) (4). È anche interessante ascoltare il parere di Bottesini circa i contrabbassi a tre o quattro corde: suggerisce che l'allievo debba prima imparare con un basso a tre corde e, se è veramente necessario, passare a uno strumento a quattro corde dopo aver imparato con il tre (1)[7]. Il metodo menziona il fatto che la terza e la quarta corda dei contrabbassi a quattro corde fossero spesso ricoperte di metallo; tuttavia Bottesini scrive di preferire una "corda nuda" sebbene non sia identificato esattamente il materiale utilizzato per la loro costruzione (1) (5) (6) (7)[8].

Certamente converrete con me che molto era stato perso con l'omissione del testo originale di Bottesini dalla prima edizione. Sono anche sicuro che più tempo dedicheremo allo studio di questo metodo, più approfondiremo il modo di suonare del suo autore. Spero che godrete dell'opportunità di imparare di più su Bottesini, come lo è stato per me realizzando questa edizione.

Stephen Street

Traduzione di Michele Gallo, Giulia Rettore, Angela Persia, Eman Carbone, Giuseppe Ciraso, Marco Abbrescia e Manuel dell'Oglio.

Bibliografia

1. Bottesini, G. *Metodo di contrabasso,* prima edizione; Ricordi: Milano Italia, 1870.

2. Simandl, F. *New Method For the Double Bass,* prima edizione; Carl Fischer: New York USA, 1904; pp 7,8,11,14, Per esempi di come affronta lo studio delle posizioni una alla volta.

3. Bottesini On The Double Bass. *Sheffield and Rotherham Independant,* 21 Novembre 1887, 8, Un'intervista in cui Bottesini discute del suo arco.

4. Bottesini On The Double Bass. *Knaresborough Post,* Novembre 26, 1887, 2, Un'intervista in cui Bottesini discute del suo arco.

5. Third And Last Concert. *Liverpool Mail,* 1 Settembre 1849, 3, L'articolo commenta quanto le corde di Bottesini siano insolitamente sottili rispetto ad altri contrabbassisti.

6. Signor Bottesini's Concert. *London Evening Standard,* 18 Giugno 1884, 3, L'articolo commenta quanto le corde di Bottesini siano insolitamente sottili rispetto ad altri contrabbassisti.

7. Musical Phenomenon. *Leeds Intelligencer,* 31 Maggio 1851, 4, L'articolo commenta quanto le corde di Bottesini siano insolitamente sottili rispetto ad altri contrabbassisti.

8. Our Captious Critic at the Promenade Concerts. *The Illustrated Sporting And Dramatic News,* Ottobre 23, 1886, 159, Illustrazioni che mostrano Bottesini.

Queste edizioni sono state riprodotte per gentile concessione di:
Hal Leonard Europe S.r.l. – Italia (Ricordi) (Edizione Italiana)
Éditions Musicales Alphonse Leduc (Edizione Francese) (precedentemente Heugel and Escudier)
Henry Lemoine and Boosey and Hawkes (Edizione Inglese)

---

[7] *Ibid.,* 7.
[8] *Ibid.,* 8.

N.º 3

Arco ordinario

N.º 2

Arco alla Dragonetti

N.º 4

N.º 1

N.º 5
Posizione
della mano
sulla corda

Modo di
tenere l'Arco

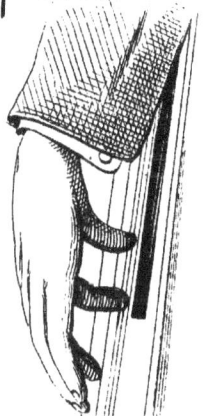

N.º 7

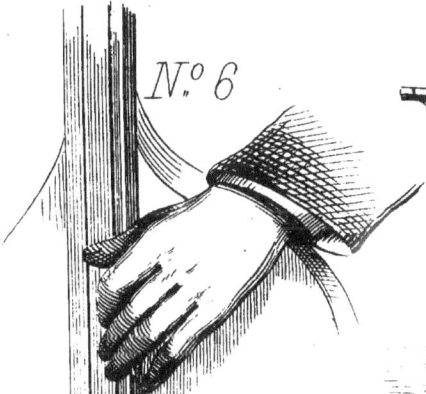

N.º 6

Posizione della
mano col pollice
sopra il Sol facendo
capo-tasto

Posizione della mano
per suoni armonici.

SPIEGAZIONE DEI SEGNI
usati in questo metodo.

⊔	Arco in giù
V	Arco in su
P	Piano
PP	Pianissimo
F	Forte
FF	Fortissimo
MF	Mezzo-Forte

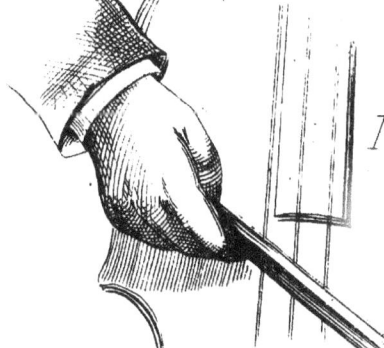

N.º 8

Posizione dell'arco sulla corda.

PREFAZIONE

Non è così facile, come può sembrare a bella prima, lo scrivere un metodo per Contrabasso, strumento che si suona in tante maniere differenti, il coordinare ed esporre con chiarezza una serie di regole, di esempi e d'esercizi progressivi, che, senza troppo affaticare l'allievo, facilitino i suoi primi studi e lo conducano per la miglior via al completo possesso di questo strumento altrettanto difficile quanto importante.

Io non avrei dunque spontaneamente intrapreso questo lavoro; e non mi vi decisi che dietro dimanda di tutti quelli che, sapendo con quale benevolenza il pubblico mi ha sempre accolto, credettero che fosse dover mio di mettere a profitto della gioventù la poca esperienza che ho acquistata suonando il Contrabasso.

Potendo ad un tempo realizzare il desiderio di quelli che mi eccitarono a scrivere questo metodo, e fare un'opera ch'io credo profittevole a tutti quelli che vogliano imparare a suonar questo strumento, non saprei fare di meglio che di porla sotto la loro protezione.

Mi affretto di prevenire chi potrebbe accusarmi d'un certo esclusivismo, più apparente che reale, che io rispetto l'opinione altrui ma che dico francamente la mia.

Lungi da ogni velleità d'opposizione, non ebbi che una triplice guida nella composizione di questo metodo: il Vero per la scienza, il Bello per l'arte, l'Utile per l'allievo.

G. BOTTESINI

PARTE PRIMA

DEL CONTRABASSO

Senza far vane dissertazioni enumerando fuor di proposito i vantaggi e gli inconvenienti di questo strumento munito di quattro piuttosto che di tre corde, – senza discutere sul vario meccanismo della digitazione o sulla differente sonorità che da questa quarta corda vengono causati a detto strumento considerato come parte fondamentale dell'orchestra, – e finalmente senza troppo dilungarci in quistioni imperentorie sulla forma e dimensione dell'arco, sul vario modo di tenerlo e maneggiarlo, sulla differente natura de'suoni risultanti dalla forma di quest'arco ed inerenti all'uso d'esso, – noi prendiamo a considerare il Contrabasso in sè, il quale tanto per la facilità e sicurezza della digitazione quanto per la rotondità e purezza de'suoni che lo caratterizzano, *richiede tre corde solamente*.

Diremo più sotto le ragioni di questo asserto, che sembrar forse potrebbe sulle prime arbitrario e mal fondato. Sappia intanto il nostro lettore che noi abbiamo per così dire compilato questo nostro metodo dietro le ottime tradizioni de'migliori e più competenti Contrabassisti Italiani, quali furono incontestabilmente il Dragonetti, l'Andreoli, e per tacer d'altri il valente Luigi Rossi, mio compianto maestro, già Professore di Contrabasso al Conservatorio in Milano.

Nè creda per avventura chi volesse intraprendere lo studio di questo importantissimo strumento, esser facil cosa e di corta fatica l'impararlo come vuolsi che sia. Come il Violino, esso richiede da chi vuol conoscerlo e dominarlo pienamente, oltre a naturali disposizioni, quella grande sicurezza di mano la quale, esonerando l'artista suonatore da ogni preoccupazione meccanica, fa sì che possa liberamente spaziar col pensiero, attuando sulle corde dello strumento i molteplici sentimenti dell'animo cui l'estro appassiona.

Epperò, questa sicurezza di mano, questo dominio delle corde s'ottiene per lungo esercizio, ciò che richiede assai tempo, pazienza grande, costanza molta.

Il perchè, considerando i numerosi ostacoli e le svariate difficoltà che l'allievo dovrà vincere ed appianare per giungere al pieno dominio di questo strumento, noi gli consigliamo d'intraprenderne lo studio nella tenera età d'anni dodici all'incirca, età generalmente considerata come la più favorevole allo sviluppo delle fisiche ed intellettive facoltà dell'uomo applicate allo studio di checchessia.

PREVIE CONSIDERAZIONI SULLA NATURA
DI QUESTO STRUMENTO

Non può, certamente chi ben conosce la natura del Contrabasso, negare che l'applicazione d'una corda di più sia stata unicamente fatta per arricchire questo strumento d'alcuni suoni più gravi, cosa, al postutto, di non lieve importanza pel Compositore e giovevole assai nelle *note tenute*.

Ma se il Contrabasso munito d'una quarta corda acquista ne' suoni gravi maggior estensione, questa però s'ottiene a scapito grandissimo della sua sonorità la quale sta per lo appunto in ragione inversa del numero delle corde.

La verità di questo nostro asserto è fuor d'ogni contestazione, ed ognuno potrà di leggieri convincersene facendo sullo strumento l'esperienza da noi già più volte fatta.

L'importanza della quistione ci aveva indotti, or più anni sono, a far l'esperimento d'una quarta corda sui migliori Contrabassi da noi successivamente posseduti, fra i quali merita principal menzione uno eccellente di mano del celebre *Gaspare da Salò*, il quale a parer nostro ed a detta de' conoscitori, fu certo il più valente costruttore di Contrabassi che fiorisse dal suo tempo in poi. Epperò il risultato che n'ebbimo fu mai sempre cattivo, avvegnachè tutti indistintamente questi buoni strumenti perdettero assai di quella piena e limpida sonorità che tanto è necessaria, sopratutto ne' suoni gravi. Il perchè noi credemmo di poter quindi conchiudere che, *vale assai meglio sacrificare alcune gravi note alla piena e limpida sonorità di questo strumento, piuttosto che sacrificar questa al tenue vantaggio d'una quarta più grave, ottenuta coll'addizione d'una corda di più.*

E per vero, in Inghilterra paese ove la buona musica de' Classici ottiene grande favore e viene accuratamente e con eleganza da finitissime orchestre interpretata, mai non s'ebbe, che io sappia, il bisogno d'aggiungere una quarta corda al Contrabasso.

Nè creda perciò chi legge queste nostre preliminari avvertenze sul Contrabasso a tre corde, che lo studio di questo strumento a quattro corde abbisogni per avventura d'un altro metodo appositamente scritto a tal fine e tutto altrimenti da questo. Chi ciò pensasse cadrebbe in un grandissimo errore, avvegnachè egli non è guari possibile di arrivare al conoscimento, uso e buon maneggio della quarta corda se prima con molteplici e progressivi esercizi non s'hanno previamente addestrati la mano e l'arco sulle tre corde primitive.

Molte ragioni c'inducono a quest'asserzione che, lungi dall'essere arbitraria come forse a certuni potrebbe parere, viene anzi corroborata dall'esempio e confermata dalla testimonianza dei migliori suonatori di Contrabasso, i quali se pure hanno aggiunta una quarta corda allo strumento loro, e' fu però dopo averlo prima assai bene studiato a tre corde. Epperò, di queste ragioni noi ci limiteremo ad accennar qui le principali che sono le seguenti:

I. Coll'uso delle tre corde semplici si evita il grandissimo inconveniente delle due corde guarnite di rame, le quali per la natura dell'inviluppo loro eterogeneo offrono minore attrito, e sono quindi d'assai difficile attacco per l'arco. Il perchè se l'uso d'esse riesce penoso a quelli che posseggono il maneggio delle corde, diviene quasi impossibile al giovane allievo che appena incomincia a studiare uno strumento già poco in proporzione colle sue forze.

II. Come poi le corde aver debbono l'una dall'altra una distanza voluta sì per la vibrazione, che per la giusta loro arcuazione sul ponticello, onde l'arco possa agevolmente abbracciarle senza tema d'inconvenienti, lo strumento esige un manico a ciò proporzionato e conseguentemente sproporzionato alla mano dell'allievo il quale, come abbiamo detto più sopra, deve avere dodici anni all'incirca.

III. Gli esercizi sulla quarta corda i cui suoni discendono al massimo della gravità, mancano sempre di chiarezza e possono facilmente confondere l'orecchio dell'allievo il quale potrebbe quindi ingannarsi sulla giusta loro intonazione, cosa ad ogni principiante nocevolissima.

Dunque, dalle preallegate ragioni assai chiaramente risulta, che per arrivare a ben conóscere il Contrabasso ed a suonarlo con elegante franchezza, non solamente giova, ma importa anzi moltissimo lo studiarlo prima a tre corde.

DELL'ARCO

Si hanno per suonare il Contrabasso due sorta d'archi. — Il primo, così detto alla Dragonetti, è molto corto e di forma assai curva.

Questa posizione, come si vede, manca primieramente d'eleganza.

2.do Benchè a primo aspetto paja favorevole ad un buono attacco delle corde, ella ha tuttavolta il grave inconveniente di soffocare i suoni, avvegnachè i crini dell'arco adoperato in questo modo, arrestandosi sulle corde ne impediscono la vibrazione.

3.^{zo} La struttura di quest'arco e la corta sua dimensione è poco atta a trar suoni di lunga durata, e rende quindi ogni legatura difficile.

Quest'arco ha però il vantaggio d'un buon attacco per le note staccate. — Esso è molto usato in Inghilterra ed anche in alcune città d'Italia.

L'altro arco più generalmente usato ha maggior lunghezza e non è punto curvo. Ed è quello di cui noi ci serviamo.

Quest'arco, astrazion fatta dalla dimensione, somiglia esattamente a quello di cui si servono i suonatori di Violoncello e si tiene com'essi.

Parleremo in seguito assai più diffusamente di quest'arco e daremo in apposite figure le diverse posizioni della mano relativamente alle corde sulle quali detto arco si trova. Intanto, benchè s'abbia da supporre che il nostro giovane allievo sappia già leggere la musica, noi stimiamo tuttavolta far cosa utile a chi nulla pur sapesse, dando qui della musica quelle prime nozioni elementari che devono preparar l'esordiente allo studio del Solfeggio.

SUNTO ELEMENTARE DI SOLFEGGIO

§ I.

Le *note* della musica sono sette e si chiamano, **Do, Re, Mi, Fa, Sol, La, Si**.

Queste note così disposte costituiscono una *Scala.*— Le scale sono ventiquattro.

Le note si scrivono su cinque *linee* paralelle e nei quattro *spazi* che risultano da queste linee.

	5ª linea
4º spazio	4ª linea
3º spazio	3ª linea
2º spazio	2ª linea
1º spazio	1ª linea

Queste cinque linee costituiscono ciò che s'appella *Rigo.*

Il rigo è sempre affetto da una **Chiave**. Le chiavi sono sette. Ciascuna d'esse serve a pre_scrivere o per dir meglio ad indicare l'estensione d'una data specie di strumenti o di voci. Al nostro allievo basta lo studio della *chiave di Fa,* altrimenti detta *chiave di basso.* Ella si scri_ve in capo al Rigo nel modo che segue:

La maggiore o minor durata de'suoni costituisce il *Valore delle note.* Come il discorso ab_bisogna di varie pause rappresentate in iscritto dai punti e dalle virgole, così parimenti la mu_sica esige alcune pause di varia durata ed equivalenti al differente valore delle note. Diamo nel seguente prospetto le forme prese dalla nota giusta la sua durata, colle sue pause equivalenti e col nome a quelle ed a queste relativo.

Semibreve	Minima	Semiminima	Croma	Semicroma	Biscroma
Pausa	Mezza pausa	Quarto d'aspetto	Mezzo quarto	Respiro	Mezzo respiro

Per farsi una giusta idea del relativo valore delle note dia il nostro allievo una semplice oc_chiata alla tavola seguente.

TAVOLA COMPARATIVA
DEL VARIO VALORE DELLE NOTE

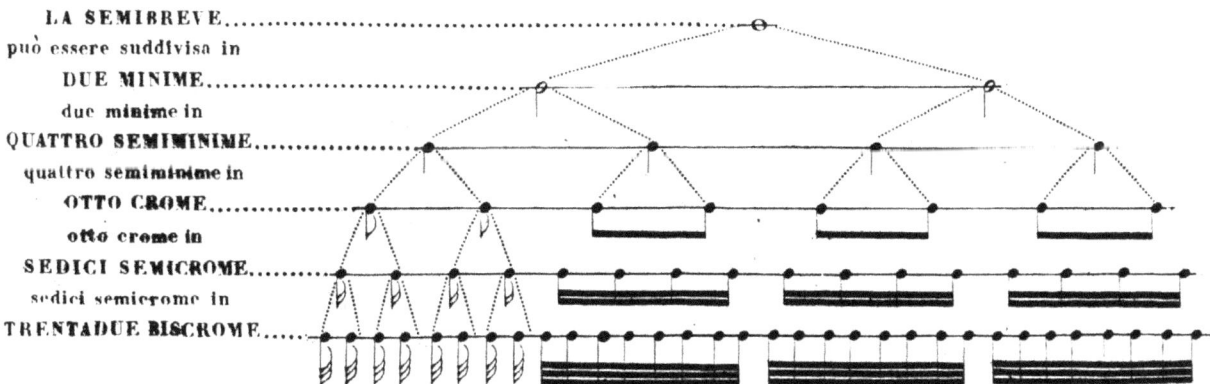

LA SEMIBREVE..

può essere suddivisa in

DUE MINIME..

due minime in

QUATTRO SEMIMINIME..

quattro semiminime in

OTTO CROME..

otto crome in

SEDICI SEMICROME..

sedici semicrome in

TRENTADUE BISCROME..

§ II.

DELLA BATTUTA

Risulta dalla precedente Tavola che la Semibreve vuol essere considerata come la più lunga delle note. Il tempo della sua durata costituisce una *Battuta*. Questa battuta si divide in quattro quarti e si esprime con un **C** che si scrive in capo al rigo subito dopo la chiave nel modo seguente:

Il vocabolo battuta viene da *battere*, epperò detti quarti o tempi vogliono essere battuti colla mano, col piede o con checchessia. La battuta di quattro quarti ha due tempi *forti* e due *deboli* che si alternano così: *forte debole forte debole* 1 2 3 4. I due primi quarti si marcano generalmente in *battere*, gli altri due in *levare*.

L'allievo farebbe ottima cosa esercitandosi a battere questo tempo seguendo colla mano la direzione delle seguenti freccie.

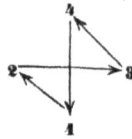

SCALA IN DO MAGGIORE

§ III.

Tutte le scale che hanno l'*intervallo* d'un semitono fra il terzo ed il quarto grado e fra il settimo e l'ottavo, sono di modo maggiore.

La distanza che passa fra due note costituisce ciò che in Armonia s'appella *Intervallo*.

Nella scala, l'intervallo di due note congiunte come **Do, Re,** chiamasi intervallo di *seconda*; **Do, Mi,** fanno un intervallo di *terza*; **Do. Fa,** un intervallo di *quarta*, e così via fino all'ottava. Contansi parecchi intervalli in Armonia soggetti ad alterazioni causate dagli *accidenti* che s'introducono per *modulare*. Ma di questi parleremo succintamente a tempo debito.

ESERCIZI SUGLI INTERVALLI

§ IV.
DELLA NOTA PUNTEGGIATA

Il punto aumenta la nota che n'è affetta della metà del suo valore. Così per esempio, una Mi_nima punteggiata (♩.) equivale a tre Semiminime (♩♩♩) o meglio (♩ ♩). Ciò che si è detto della Minima vale invariabilmente per tutte le altre note, il perchè una Semiminima affetta da un pun_to equivale a tre Crome (♪♪♪) o meglio (♪ ♪).

Il seguente esempio renderà più visibile ancora l'effetto del punto.

Quando poi ad una nota si aggiungono due punti, il secondo vale la metà del primo. Così, per esempio, una Minima affetta da due punti (♩..) equivale a sette Crome, o meglio a (♩ ♪ ♪).

§ V.
DEL MODO MAGGIORE

Come abbiamo detto pur dianzi, tutte le scale che hanno l'intervallo d'un semitono fra il terzo ed il quarto grado e fra il settimo e l'ottavo sono di modo maggiore. Divise per metà esse pas_sano dal tono al semitono col medesimo ordine. Esempio:

Le scale maggiori procedono per quinte ascendenti o discendenti. Es:

DO, RE, MI, FA, SOL, LA, SI, DO   intervallo di quinta   SOL, LA, SI, DO, RE, MI, FA, SOL   intervallo di quinta   RE, MI, FA, SOL, LA, SI, ecc.

Quindi consegue che una nota facente quinta giusta di qual si voglia scala maggiore può es_sere considerata come primo grado di scala pur maggiore alla precedente *relativa*. In altri ter_mini, la scala relativa ha per sua prima metà la seconda metà della scala precedente. Es:

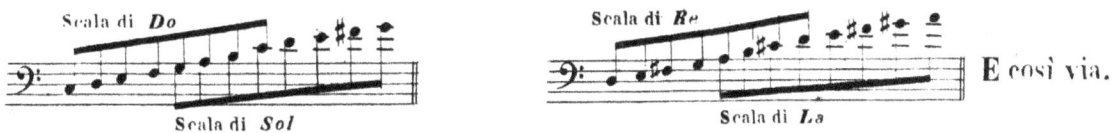

E così via.

Come dunque abbiamo veduto, la scala di *Sol* è relativa a quella di *Do*, incominciando quel_la colla seconda metà di questa. Onde però questa scala sia composta di due metà perfettamen_te eguali a quella di *Do* importa alzare il *Fa* d'un semitono. — Per alzare una nota d'un se_mitono si pone innanzi ad essa il segno ♯, chiamato *diesis*. — Quando invece si vuole abbassare una nota d'un semitono le si scrive parimente innanzi un ♭, detto *bemolle*; se poi si vuole ri_porre la nota alterata da un diesis o da un bemolle nel suo primo stato naturale si scrive innan_zi ad essa un ♮, appellato *bequadro*. Quando poi invece di alzare la nota d'un semitono si voles_se aumentarla d'un tono, scrivesi innanzi a lei il segno ✕, chiamato *doppio diesis*: volendo per contro abbassarla d'un tono si porrà egualmente innanzi a questa nota il segno ♭♭, detto *dop_pio bemolle*. Dovendosi poscia ritornare una nota affetta dal ✕ al suo stato naturale, si sosti_tuisce innanzi a lei il seguente doppio segno ♮♯. Adoperasi poi nello stesso modo quest'altro se_gno ♮♭ allorchè si vuole rimettere una nota affetta dal *doppio bemolle* nel suo primo stato natura_le.

SCALE MAGGIORI

Le scale di *Sol* ♭ e di *Fa* ♯ sono omologhe, come parimenti quelle di *Do* ♯ e *Re* ♭.

§ VI.   DEL MODO MINORE

La scala minore differisce dalla maggiore per la terza e la sesta le quali vengono abbassate d'un semitono. Es:

Tale realmente sarebbe la scala minore; pure attesa la difficoltà che si prova nel sormontare l'intervallo d'un tono e mezzo per afferrar dal sesto il settimo grado, fu messa in uso la seguen_te modificazione. Es: Come si vede, l'alterazione del sesto grado fatta col

mezzo d'un diesis, facilita il passaggio al settimo. — R trocedendo poi, s'ha dovuto fare in sen_
so inverso, avvicinando il settimo grado al sesto. Es:

SCALA COMPLETA

Il dièsis posto innanzi al *Sol* nella scala ascendente non vuol essere messo in chiave, atteso_
chè venendo egli frequentemente soppresso s'ha da considerare piuttosto come fortuito.
Ciò premesso noi diamo qui tutte le scale minori.

SCALE MINORI

Le scale di *Mi* ♭ e *Re* ♯ sono omologhe, come parimenti quelle di *La* ♭ e *Sol* ♯.

DEL MOVIMENTO

§ VII.

Intendesi per *Movimento* quel gradato variar di lentezza e di celerità che si diparte dal
massimo di questa o di quella, voluto per l'esecuzione d'un pezzo musicale qualunque giusta
il suo carattere e secondo i vari sentimenti che dal Compositore possono venire espressi. Vari
adunque sono i movimenti; noi ci limiteremo ad accennarne qui i principali, che sono i se_
guenti:

Largo	cioè Assai lentamente.	*Moderato.*	
Larghetto	.. Un po' meno lentamente.	*Allegretto.*	A questi vocaboli se pur
Adagio	.. Lentamente.	*Allegro.*	si dessero dei sinonimi,
Andantino	.. Senza troppa lentezza.	*Vivace.*	mancherebbero di precisio_
Andante	.. Meno lento dell'andantino.	*Presto.*	ne e di chiarezza.
		Prestissimo.	

Come poi una data frase può essere progressivamente rallentata od accelerata, si usa scrive_ re al disopra d'essa i vocaboli *Ral..len..tan..do* o *Cre..scen..do*, che per interpunzione abbracciano la frase e s'arrestano coll'ultima sillaba sulla nota della battuta ove la loro azio_ ne deve cessare. — Quando il *crescendo* ed il *rallentando* sono di corta durata viene general_ mente adottato il seguente segno che si scrive al disopra della battuta. $<$ cres: $>$ dim:

§ VIII.   DEL TEMPO

V'hanno due speci di tempo: il Binario ed il tempo a tre. — Il primo è divisibile per due ed è quello di cui abbiamo già parlato più sopra (§ II.), il secondo è divisibile per tre. Es:

TEMPO BINARIO

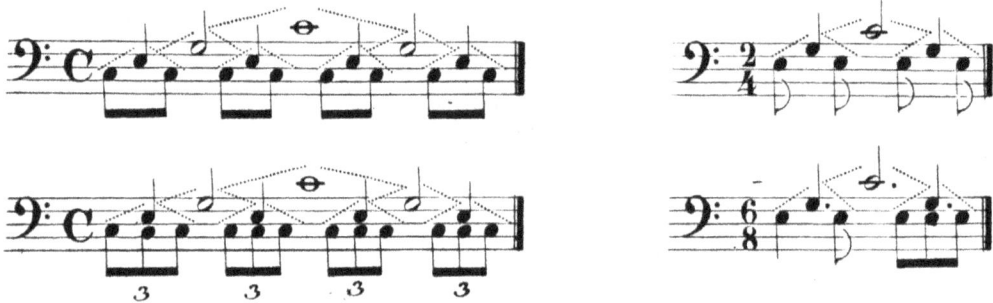

TEMPO A 4

Moderato

Andantino

In *La* min.

TEMPO A $\frac{2}{4}$

Il $\frac{2}{4}$ si scrive in capo al pezzo dopo la Chiave. Questo tempo si batte nel modo seguente.

Allegretto

Allegretto

In *La* min.

TEMPO A $\frac{12}{8}$

EQUIVALENTE A 12 CROME

Quando due note sono affette dal segno, ⌢ elle s'uniscono in una sola e non devono quindi essere eseguite una dopo l'altra.

Andante

TEMPO A $\frac{6}{8}$

EQUIVALENTE A SEI CROME

Allegretto

TEMPO A $\frac{3}{4}$

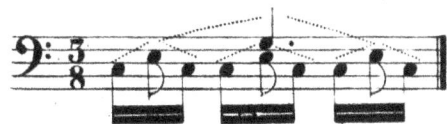

Il tempo a 3 si batte nel modo seguente.

Adagio

Allegretto

In Re min.

TEMPO A 3 IN 3/8

Moderato

TEMPO A 3 IN 9/8

Adagio

Moderato

In *La* min.

DELLE TERZINE E DELLE SESTINE

§ IX.

Accade spesso di scontrare in battute binarie dei gruppetti che divisibili essendo per tre sembra che alterare dovrebbero il tempo indicato in chiave. Questi gruppetti meramente accidentali sono ordinariamente di tre o di sei note, e perciò vennero denominati giusta il numero di queste *Terzine* e *Sestine*. — La terzina viene indicata da un *3*, la sestina da un *6*: queste cifre si scivono ordinariamente al disopra d'esse e servono ad indicare che la presenza di questi gruppetti intrusi non fa punto eccedere il numero delle note volute per costituire una battuta secondo il tempo indicato in chiave.

ESEMPI

Andante

Andantino

In *La* min.

Moderato

DELLA SINCOPE

Una nota colta da un tempo forte in levare si chiama sincope. Es.

Allegro

Allegretto

In *La* min.

Quando poi la sincope termina una battuta e ne incomincia un'altra, si fa uso del segno detto *legatura*. Due medesime note da questa curva collegate s'uniscono insieme e non possono venir emesse o percosse successivamente.

Adagio ESEMPI

Moderato

ESERCIZIO SULLE NOTE PUNTEGGIATE

Andantino

Moderato

RIASSUNTO

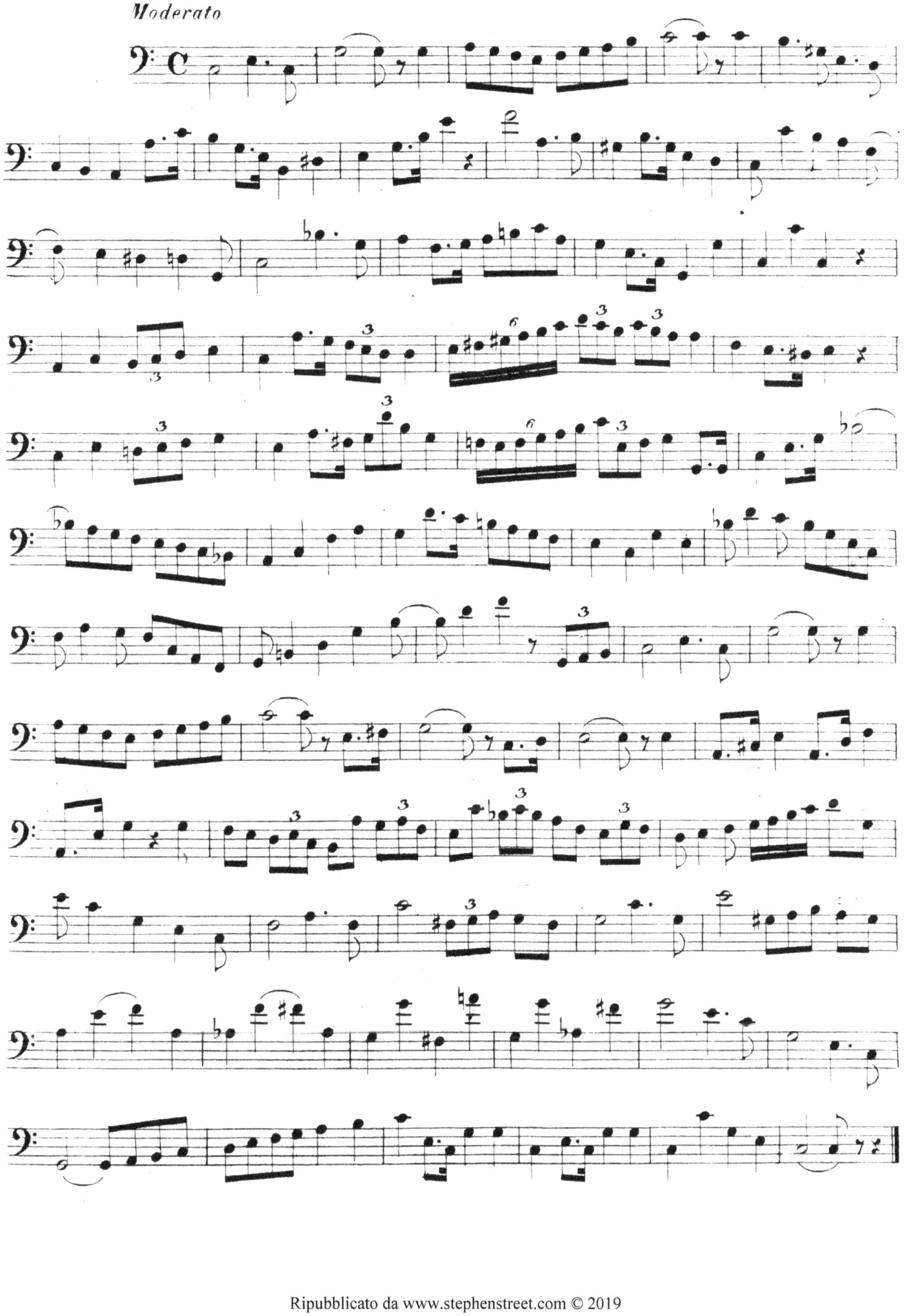

PRIMISSIME NOZIONI INTORNO AL SENSO DI CERTI VOCABOLI
USATI IN ARMONIA

Benchè, rigorosamente parlando, non si esiga dal suonatore di Contrabasso alcuna nozione d'Armonia, noi crediamo tuttavolta far cosa di non poco giovamento al nostro allievo aggiungendo a questi brevi cenni di Solfeggio alcune primissime nozioncelle intorno a quella scienza, o per meglio dire intorno al senso di certi vocaboli all'Armonia attenenti, vocaboli per così dire necessari a tutti quelli che hanno ricevuto una certa qual educazione musicale.

L'armonia dunque è la scienza che insegna a conoscere, distinguere e combinare poi fra loro con gradevole effetto una quantità d'accordi, i quali isolatamente presi sono in musica ciò che nel discorso le parole. — Una successione armonica la quale stesse sempre nel medesimo tono, diverrebbe ben tosto monotona; epperò la *Modulazione*, scienza che insegna a passare ragionatamente da un tono ad un altro, arricchisce meravigliosamente l'Armonia d'innumerevoli combinazioni ripiene di svariatissimi effetti.

§. XI   DELL' ALTERAZIONE DEGLI INTERVALLI

Onde meglio semplificare certe regole, si fa in Armonia assai spesso astrazione dal nome delle note e si esprimono col mezzo de' numeri. Epperò dicesi *Prima* la nota fondamentale d'un tono qualunque, 2da 3^{za} 4ta 5ta, e così via le note seguenti che costituiscono la scala di questo tono. Come abbiamo detto nelle precedenti nozioni elementari di solfeggio (§. III) parlando degli intervalli, questi possono essere alterati, vale a dire accresciuti o diminuiti. Egli è di queste alterazioni appunto che noi ci soffermeremo a parlare un tantino onde il nostro allievo, conoscendole, possa ritrarne alcun vantaggio. L'alterazione d'un intervallo qualunque è sempre prodotta dalla presenza fortuita d'un ♯ o d'un ♭ che l'aumenti o diminuisca.

quello di 2da può essere *Minore, Maggiore* od *Eccedente*. Es:

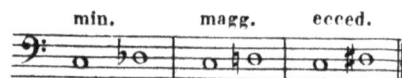

   di 3^{za} .... *Minore, Maggiore* od *Eccedente*. „

   di 4ta .... *Diminuito, Giusto* od *Eccedente*. „

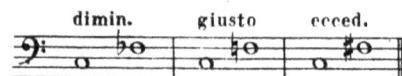

   di 5ta .... *Diminuito, Giusto* od *Eccedente*. „

   di 6ta .... *Minore, Maggiore* od *Eccedente*. „

   di 7ma .... *Minore, Maggiore* od *Eccedente*. „

   di 8va .... *Diminuito, Giusto* od *Eccedente*. „

   di 9na .... *Minore, Maggiore* od *Eccedente*. „

DELLE CONSONANZE E DELLE DISSONANZE

§ XII.

Gli intervalli si dividono in *Consonanze e Dissonanze.* — Le consonanze sono di due sor_
ta: *Perfetta* ed *Imperfetta.*

Le perfette sono: la *quarta giusta,* la *quinta giusta* e l'*ottava.* Diconsi perfette perchè
non possono essere alterate senza cessare di essere consonanti. — Le consonanze imperfette
sono: la *terza maggiore,* la *terza minore,* la *sesta maggiore* e la *sesta minore.* Vengono
chiamate imperfette perchè adoperate tanto in maggiore quanto in minore sono sempre con_
sonanti. — Gli altri intervalli sono *Dissonanze.*

L'intervallo vuol essere contato dal grave all'acuto: dicendo *Do - Sol* noi accenniamo un
intervallo di quinta; se per contro dicessimo *Sol - Do* invertendo l'ordine di queste due
note noi indichiamo un *intervallo di quarta.* Es:

I suoni gravi trasportati all'acuto costituiscono ciò che s'appella *Rivolto.* Così nell'esem_
pio precedente *Sol - Do* è il rivolto di *Do - Sol,* e l'intervallo di *seconda* rovesciato diviene
un intervallo di *settima.*

La prima d'un tono qualunque viene appellata *Tonica,* la sua quarta giusta *Sottodomi_
nante,* la sua quinta giusta *Dominante.* Questi tre gradi danno il loro nome ai tre accor_
di così detti *fondamentali* che costituiscono la scala.

DEI MOTI

§ XIII.

Intendesi per *moto* l'andamento di due o più suoni che si succedono d'intervallo in in_
tervallo. V'hanno tre sorta di moto: il *retto,* il *contrario* e l'*obliquo.* — Il *moto retto* è quel_
lo in cui le parti, qualunque sieno gli intervalli, seguono la medesima direzione tanto ascen_
dendo quanto discendendo. Es:

Il *moto contrario* è quello in cui mentre una parte sale l'altra discende. Es:

Il *moto obliquo* è quello in cui una parte resta immobile mentre l'altra sale o discen_
de. Es:

DEL PRIMO ACCORDO FONDAMENTALE

E DE' SUOI RIVOLTI VALE A DIRE DEGLI ACCORDI COMPOSTI DI TRE NOTE

§ XIV.

Il primo accordo fodamentale consta d'un *suono principale* cui si aggiunge la sua *terza*, la sua *quinta*, e spesso la sua *ottava*. Questo accordo dicesi *perfetto*. Dando ai componenti d'esso posizioni più late col mezzo d'ottave gravi ed acute, s'ottiene per questo accordo un numero grande di posizioni. Es:

Queste posizioni sono limitate alla capacità della mano sui tasti del Pianoforte: in orchestra questo accordo può avere posizioni assai più late. Quando le parti superiori d'un accordo cambiano fra loro di posto sullo stesso basso, gli intervalli rimangono sempre i medesimi ed ha luogo un semplice mutamento di *Posizione* che non vuol essere confuso col *Rivolto*. Questo si fa togliendo al basso gli intervalli che compongono l'Accordo primitivo. Es:

Il *primo Rivolto*, avendo il 3.º grado per basso colla sua *terza* e colla sua *sesta*, vien detto *Accordo di sesta* e si numera con un 6.

Il *secondo Rivolto* che ha il 5.º grado per basso ed è accompagnato dalla sua *quarta* e dalla sua *sesta*, si chiama *Accordo di quarta e sesta* e si numera con $\frac{6}{4}$.

L'accordo di Tonica è il solo che si possa chiamar Perfetto, avvegnachè tutti i sette gradi della scala comportano, dove si voglia un accordo di terza e quinta, ma l'idea di perfezione risulta solo da quest'accordo fatto sul 1.º grado.

DEL SECONDO ACCORDO FONDAMENTALE

COMPOSTO DI QUATTRO SUONI

§ XV.

Il secondo accordo fondamentale composto di quattro suoni ha per basso la *dominante* del tono, ossia quinta, e si compone di *terza maggiore, quinta giusta e settima minore.* Questo accordo chiamato anche *di settima dominante*, non solamente occupa coll'accordo perfetto il primo luogo del suo tono, ma eziandio è precipua chiave della modulazione.

L'accordo di settima dominante presenta *tre Rivolti.*

Noi diamo qui i gradi sui quali essi vengono posti, in un cogl'intervalli di cui si compongono. Es:

Accordo di 7.ª Dominante di *Do* nel suo stato diretto	Suo 1.º Rivolto Accordo di 5.ª e 6.ª numerato con 6 5	Suo 2.º Rivolto Accordo di 3.ª e 5.ª numerato con 4 3	Suo 3.º Rivolto Accordo di 2.ª e 4.ª numerato con 4 2
5.º grado nel basso colla sua 3.ª maggiore colla sua 5.ª giusta colla sua 7.ª minore	Nota sensibile per basso sua 3.ª minore sua 5.ª diminuita sua 6.ª minore	2.º grado nel basso sua 3.ª minore sua 4.ª giusta sua 6.ª maggiore	4.º grado nel basso sua 2.ª maggiore sua 4.ª eccedente sua 6.ª maggiore

Essendo l'accordo di settima leggiermente dissonante provoca una risoluzione, vale a dire dimanda un accordo consonante che dia il sentimento d'un riposo.—La risoluzione naturale di ciascuna delle parti che compongono questo accordo, sia nel suo stato diretto, sia ne'suoi rivolti, è sempre la medesima.

Sol (dominante) posto nel grave, ne'medi oppure negli acuti resta sempre consonanza: la sua risoluzione ha luogo sopra una delle note della tonica. Es:

Si, terza dell'accordo (nota *sensibile* della scala) quando viene posto nel basso, non potrà mai far parte delle note superiori:—egli si risolve salendo alla tonica. Es:

Re, quinta dell'accordo (2.º grado della scala) può salire o discendere per grado congiunto. Es:

Fa settima dissonanza (4.º grado della scala) resta pur sempre dissonanza in tutti e tre i rovesci. Egli deve sempre discendere d'un semitono in maggiore, e d'un tono nel minore. Es:

Nell'accordo di settima preso nel suo stato diretto, non è assolutamente necessario di far sentire tutte le parti che lo compongono: si può quindi sopprimere la quinta e raddoppiare la nota del basso. Es:

Dopo aver poste le quattro parti che costituiscono l'accordo, volendo aumentarne la forza, s'ha da raddoppiare la nota fondamentale preferibilmente. Es:

Assai cose ci resterebbero a dire se fosse qui nostro scopo di dare al nostro allievo un sunto d'Armonia elementare; ma come un discorso intorno alle regole fondamentali di questa scienza, benchè fatto colla massima brevità, ci farebbe inevitabilmente oltrepassare i limiti assai ristretti che ci siamo imposti in questa parte iniziativa al nostro metodo di Contrabasso (la quale può del resto esser diffalcata,) noi tralasciamo qui ogni ulteriore indicazione. Chiuderemo adunque questi brevi cenni, spiegando succintamente cosa s'intende per *Diatonico*, *Cromatico* ed *Enarmonico*.

SENSO DEI VOCABOLI
DIATONICO, CROMATICO ED ENARMONICO

§ XVI.

Una scala maggiore o minore è detta *diatonica* allorquando i gradi d'essa si succedono per toni e semitoni. Una composizione appartiene al *genere diatonico* ogniqualvolta s'aggira pressochè intieramente fra le sole note della scala diatonica.

Le note accidentalmente alterate che non escono di tono, diconsi *cromatiche*: una progressione per semitoni costituisce la scala cromatica. Quando una composizione abbonda di note accidentalmente alterate, appartiene al *genere cromatico*.

Il vocabolo *enarmonico* significa la ripetizione o prolungazione di un medesimo suono sotto la forma di due note differenti, — come:

Le seguenti scale sono Enarmoniche fra loro. — I punti neri indicano i relativi minori dei toni maggiori.

Queste scale non variano fra loro se non nel modo di scriverle.

I tasti del Pianoforte sono Enarmonici.

CARATTERE DEL CONTRABASSO

Prima d'entrare nella parte pratica di questo strumento noi stimiamo qui opportuno il di_
re alcune poche parole intorno alla sua natura, onde chi deve intraprenderne lo studio possa for_
marsi una giusta idea di esso. – Il Contrabasso dunque non deve punto aspirare al vantaggio de_
gli strumenti solisti, a ciò opponendosi non solamente l'irregolarità del suo meccanismo, ma e_
ziandio la gravità de'suoni che lo caratterizzano. Ultimo nella famiglia degli strumenti ad ar_
co, egli è chiamato a continuare ne'gravi la scala del Violoncello, il quale parimenti prosegue ne'
medi quella del Violino. Epperò il solo scopo del Contrabasso debb'essere quello di dare in or_
chestra le note fondamentali. Non s'illuda dunque chi fosse per abbracciare lo studio di questo
strumento nella speranza di poter giungere all'esecuzione di pezzi agili e brillanti con purità di
suoni, eleganza di colorito e leggerezza d'arco. Se un intelletto non volgare da naturali dispo_
sizioni e da studi ostinati corroborato, può talvolta ottener dei risultati eccezionali, ciò non
risguarda la generalità. Il perchè noi abbiamo in questo metodo coscienziosamente evitato di
scriver esercizi troppo difficili, e studi troppo astrusi, onde non far vana pompa di sapere a scapito
della studiosa gioventù. Ci sono, per altro, alcuni di questi difficili studi per Violino e Violon_
cello i quali esser possono eseguiti anche sul Contrabasso, ma il risultato che si ottiene non
corrisponde nè alla fatica di chi suona, nè alla aspettazione di chi ascolta. La semplice scala
in *Do* ben fatta basta a provare l'abilità dell'allievo che ha fatti buoni studi. – Noi crediamo di
avere in questo metodo conservato lo strumento nel suo carattere e progressivamente appiana_
te le maggiori difficoltà che s'incontrano nello studio d'esso, chè se pur v'hanno qua e là dei
passi scabrosi, d'altronde inevitabili, essi devono la loro difficoltà alla natura di certi toni poco
favorevoli al Contrabasso. Epperò come vuolsi che il buon suonatore conosca bene tutte le sca_
le, s'ha da superare collo studio e la pazienza ogni difficoltà, onde arrivare alla meta sospirata.

MODO DI TENERE IL CONTRABASSO

L'allievo si terrà ritto della persona, avvertendo però d'appoggiarsi alquanto sul pie'destro.
Il Contrabasso vuol esser tenuto non già rigorosamente dritto ma insensibilmente inclina_
to verso il suonatore. – Come poi è da supporsi che l'allievo abbia la statura voluta pel maneggio
di questo strumento, s'avrà da far in modo che la fascia della parte superiore di esso s'appog_
gi al fianco sinistro, e l'angolo della fascia inferiore tocchi la rotella del ginocchio in modo che
il Contrabasso possa reggersi da sè stesso senza l'ajuto del braccio. (Vedi Fig. N.º 4.)

MODO DI TENER L'ARCO

L'arco più generalmente usato dai suonatori di Contrabasso in orchestra ha una lunghezza
di cinquantacinque centimetri all'incirca. Egli deve avere un peso proporzionato alla grossezza
delle corde onde l'attrito de'crini con queste possa facilmente aver luogo. I crini dell'arco
sono bianchi o neri. Noi ci serviamo di questi ultimi stimandoli dietro esperienza fatta, mi_
gliori e più durevoli. – L'arco da solista dovrebbe star nei limiti di settanta centimetri, tut_
tavolta noi non gli possiamo assegnare una misura fissa avvegnachè ogni suonatore ha una
maniera sua propria di vedere. Il modo poi di tenerlo varia assai: nè agevol cosa è il dirlo:

tuttavolta noi esporremo brevemente come da noi si tiene. — E primieramente la mano non deve star troppo vicino al *fulcro* o troppo scostarsi da esso: giova preferibilmente che il medio, l'anulare ed il mignolo s'appoggino fortemente al *fulcro*, avvertendo che il primo di questi combacci per isghembo là dove i crini metton capo all'estremità di detto *fulcro*. — L'indice deve curvarsi sulla *verga* a mo' d'uncino, e cingerla saldamente; il pollice poi all'opposto lato del *fulcro* sia rimpetto sempre al medio, premendo col dritto lato ed alquanto obbliquamente l'orlo del ∪ incavato in detto *fulcro*. (Vedi Fig. Nº 4). Vuolsi che le dita così disposte stringano saldamente l'arco affinchè la mano possa liberamente muoversi e piegarsi con ispeditezza sulla sua giuntura all'estremità del braccio, nella quale appunto deve star tutta la forza, la destrezza di chi sa suonar bene. Chiuderemo questo paragrafo facendo osservare che più l'arco s'avvicina al ponticello, più i suoni riescono forti; più si scosta da esso, più divengono flosci.

ESTENSIONE – ACCORDATURA DEL CONTRABASSO

Avvertiamo l'allievo che il *La* in primo spazio ![nota] nota più grave dello strumento, corrisponde al *La* dell'ottava inferiore: ![nota] e così dicasi di tutte le altre note. Il trasporto d'un'ottava al di sopra del suono reale venne generalmente adottato onde scansare un numero troppo grande di tagli sotto il rigo. Nella prima parte di questo metodo noi abbiamo parimenti seguito quest'uso, ma nella seconda scriviamo la nota nel suo posto giusto: i vantaggi di questo nostro procedere si vedranno in pratica. — Il Contrabasso si accorda per quarta nel modo che segue:

L'accordo per quinta come ancora si usa in qualche località è assurdo. Quest'uso porta seco inconvenienti grandissimi, quali sono, per tacer d'altri, la durezza de' suoni e quel continuo mutar di posizione che rende l'esecuzione assai difficile, molto incerta e sempre slegata.

L'estensione del Contrabasso considerato come parte fondamentale dell'orchestra e quale da noi si studia in questa prima parte è la seguente:

Per la Corda di *La*

Per la Corda di *Re*

Per la Corda di *Sol*

ESERCIZI PRELIMINARI AL MANEGGIO DELL'ARCO
SULLE CORDE VUOTE

La prima difficoltà nel maneggio dell'arco sta nell'evitare lo schiacciamento delle corde cau-sato da una certa qual durezza di mano che è naturale in ogni esordiente massime quando il pugno si trova presso alla tastiera.

Onde evitare questo gravissimo inconveniente vuolsi che l'allievo attacchi piano e con mano leggiera la nota, avvertendo poi di rinforzarne gradatamente il suono a mezzo l'arco, sia che lo tragga, sia che lo spinga.

Dopo ciascuna delle seguenti note dovrà l'esordiente fare una breve pausa durante la quale il maestro rettificherà la posizione del braccio, della mano e delle dita.

PRIMI ESERCIZI PER LA MANO SINISTRA

Le dita non devono stare nè troppo vicine nè troppo lontane dalla corda che hanno da preme-re. —A questa poi vuolsi lasciare lo spazio voluto dalla sua vibrazione e coglier la nota con facilità e precisione.

IL MEDESIMO ESERCIZIO SULLE ALTRE DUE CORDE

ALTRO ESERCIZIO

Ogniqualvolta l'allievo troverà una nota affetta dal segno ⊓, questo vuol dire che l'arco deve essere tirato in *giù*; quando invece una nota è affetta da quest'altro segno V, dovrà l'arco essere spinto in *su*.

Egli è ormai necessario di abituare la mano sinistra alla posizione in primo grado.

3ª Corda

2ª Corda

1ª Corda

3ª Corda

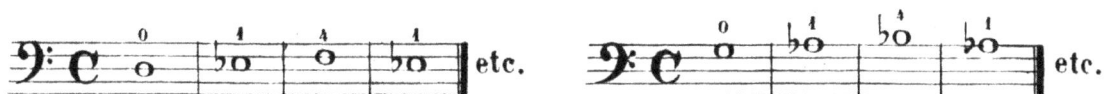

MEDESIMI ESERCIZI SULLE ALTRE DUE CORDE

Siccome lo strumento presenta per sè stesso una quantità grande d'inconvenienti scabrosi fra i quali il primo è quello di dover cambiare sovente di posizione, daremo qui degli esempi che facilitino il passaggio dal primo al secondo grado.

Dietro questi esempi si arriverà insensibilmente a tutte le posizioni che sono necessarie pel maneggio dello strumento.

DEI SUONI SOSTENUTI

Prima di entrare nello studio della Scala stimiamo opportuno l'accennar qui un difetto a scanso del quale bisogna che l'esordiente vada sulle prime assai guardingo. Ell'è una scossa prodotta da una specie di tremito nervoso generalmente provata dall'allievo ne'suoni sostenuti alla fine d'ogni tirata d'arco, ed occasionata dall'impazienza che ha di finire un suono per incominciarne tosto un altro.

SCALE A COLPI D'ARCO SECCHI

Breve colpo d'arco, ma vigoroso. – Lasciarlo immobile dopo ogni nota.

POSIZIONE DI DO

Questi esercizi preliminari vogliono esser fatti assai lentamente, sostenendo le note senza mai alzar l'arco se non quando una indicazione contraria l'esiga.

ESERCIZI SU TUTTI I TONI

Mi magg.

Posizione al 1.° grado

Do♯ min. al 2.° grado

I MEDESIMI ESERCIZI IN BEMOLLE

Fa magg.

Re min.

Si♭ magg.

L'allievo comprenderà senza dubbio che noi abbiamo scritto questi esercizi onde s'abitui a tenere il pollice sempre immobile.

Sol min.

Mi♭ magg.

Do min.

La♭ magg.

Fa min.

L'allievo avvertirà di non muover mai il pollice per prendere il La♭ sulla corda di Sol.

Prima di procedere ad altri esercizi che per la povertà dello strumento riuscirebbero monoto-
ni, importa che l'allievo apprenda tutte le maniere che si hanno per cambiar di posizione. Ci
serviremo quindi primieramente della corda di *Sol*, essendo questa la meno faticosa e ad un
tempo la più atta a sopportare una sequela d'esercizi progressivi. – Non è qui mestieri avverti-
re che il medesimo studio vuol essere parimenti fatto sulle altre due corde mano mano che l'allievo acquisterà maggior forza. I seguenti studi poi sono giovevolissimi allo sviluppo della
mano e facilitano eziandio la conoscenza di tutti i gradi delle scale anche prima che queste ven-
gano a tempo debito da noi qui proposte allo studio.

Quando l'allievo troverà una minima affetta dal numero 1 il quale sia perpendicolare ad una
lineetta orizzontale nel modo seguente $\underline{1}$ dovrà soffermarsi un istante onde chiarirsi del cambio di posizione.

sul *Sol*

sul *Re*

sul *La*

Con sì fatti esempi s'arriva a facilitare insensibilmente le posizioni per la scala Cromatica.

ESEMPIO

Passando da una corda all'altra si eviti mai sempre d'alzar l'arco.

Intervalli di 3.ª

Tanto dal *La* al *Do*, quanto dal *Si* al *Re* (ascendendo) dovrà l'allievo abituarsi al salto di posizione. Faremo conoscere a tempo debito una posizione molto più utile.

Intervalli di 4.ª

E qui parimenti egli prenderà di balzo il *Do* ed il *Re* sul *cantino*.

Raccomandiamo poi di fare attenzione alla posizione del *Fa* col terzo dito ed a quella del *Si* col quarto tanto ascendendo quanto discendendo.

54

Intervalli di 5.ª

Intervalli di 6.ª

Intervalli di 8.ª

SCALA IN DO MAGGIORE

Abbiamo scritte le seguenti Scale in semiminime onde occupare meno spazio in questo metodo.
L'allievo potrà quindi eseguirle a piacere accordando alle note il valore che più gli accomoda.

PER ARRIVARE AL RE

PER ARRIVARE AL MI

PER ARRIVARE AL FA

PER ARRIVARE AL SOL

Quando l'allievo si sarà molto esercitato nella scala di **Do** fatta in tutte le varie posizioni da noi sopra indicate, i seguenti esercizi gli torneranno assai più facili. A ciascuna scala noi faremo tener dietro un certo numero d'Esercizi non affatto spogli di qualche diletto.—Questi esercizi proporzionati sempre alla forza dell'allievo progredendo insensibilmente di difficoltà in difficoltà appianeranno poco a poco la scabrosa via che conduce al pieno dominio dello strumento.—E qui raccomandiamo a chi segue queste nostre lezioni di non iscoraggiarsi alle prime difficoltà che del resto s'incontrano pure nello studio d'ogni altro qualsiasi strumento: le prime difficoltà sono sempre le più dure a vincere: vuolsi quindi che l'allievo si premunisca di molta pazienza e s'armi contr'esse d'ostinato coraggio.

PICCOLI STUDI

Moderato

5.

Andantino

6.

Salti di terza.

I medesimi con altre posizioni.

L'allievo dopo aver bene appreso a far questi salti staccati si abituerà quindi a far i seguenti medesimi salti legati colla stessa digitazione sopra indicata.

38

Salti di quarta.

I medesimi con altre posizioni.

Le medesime legature dei precedenti salti di terza serviranno anche per i salti di quarta.

Salti di quinta.

Per legare.

Per legare.

ecc. L'allievo si servirà delle due posizioni precedenti.

Salti di sesta.

Per legare.

Per legare.

ecc.

Noi tralasciamo i salti di settima stimandoli presentemente inutili per l'allievo.

Salti di ottava.

Altra posizione.

Bisogna che l'allievo faccia ogni suo sforzo onde arrivare poco a poco a legare l'ottava, attesa la difficoltà che si ha per dover saltare una corda.

Accordo perfetto.

Intendendo noi di continuare in questo modo, applicandolo a tutte le altre scale, tralascieremo per ora una quantità di posizioni che l'allievo apprenderà poi mano a mano che s'innoltrerà negli studi.

SCALA DI LA MINORE

PER ARRIVARE AL DO

PER ARRIVARE AL MI

PICCOLI STUDI

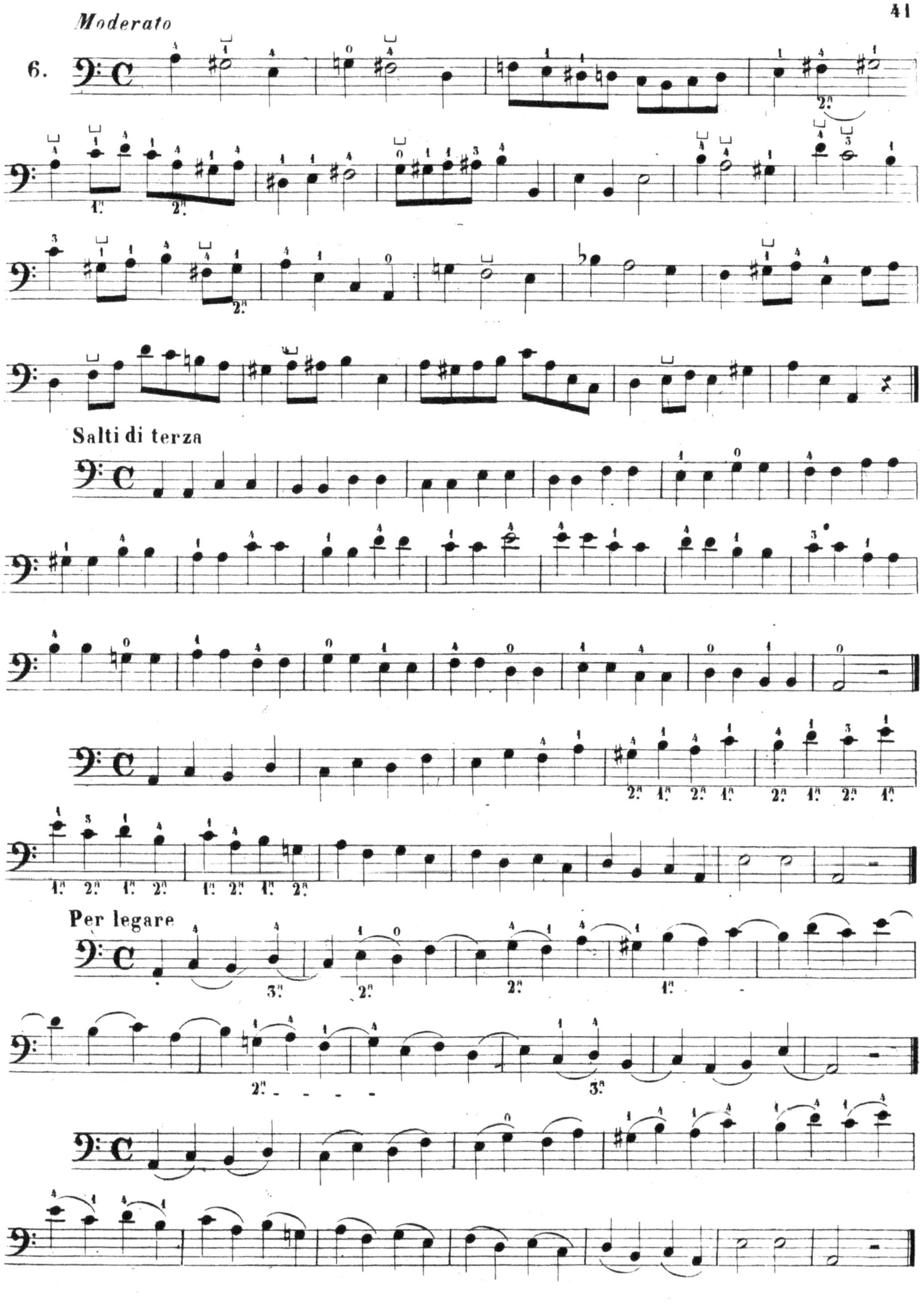
Moderato
6.
Salti di terza
Per legare

Salti di quarta

Servirsi delle solite legature.

Salti di quinta

Le stesse posizioni come in Do

Salti di sesta

Salti d'ottava

Accordo perfetto

SCALA DI FA

PICCOLI ESERCIZI

Moderato

1.

Allegretto

2.

Moderato

3.

44

Andante

4.

Allegretto

5.

Se fosse troppo difficile, aspettare.

Salti di terza

È sottinteso che l'allievo s'eserciterà sempre come nei primi salti: per esempio:

ecc.

Salti di quarta

L'allievo potrà far uso delle legature indicate nelle scale precedenti.

Salti di quinta

Salti di sesta

Questa posizione che da principio sembrerà difficile è d'immensa utilità.

Salti d'ottava

Accordo

SCALA DI RE MINORE

PER ARRIVARE AL MI

Oppure

PER ARRIVARE AL FA

STUDI

Moderato

1.

Andantino

2.

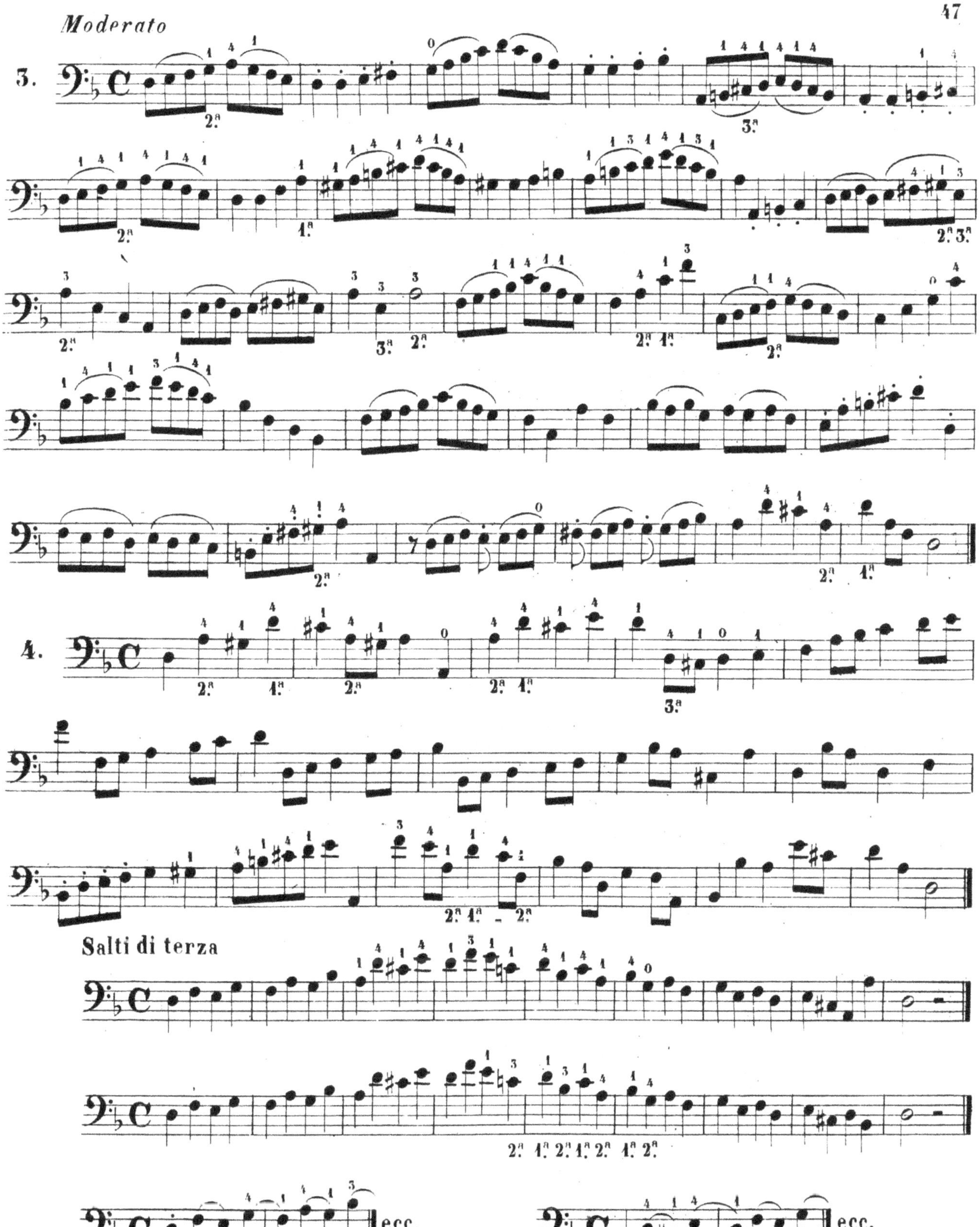
Moderato
3.
4.
Salti di terza
ecc.
ecc.
Accordo

SCALA DI SOL

Non s guamo l'andamento de'modi relativi onde meglio fortificare la mano dell'allievo nei toni meno difficili.

Lentamente trarre il maggior suono possibile. STUDI

Maestoso con forza

1.

Marcare la nota del secondo ed ultimo quarto

2. *Moderato*

3. *Adagio sciolto*

Marcata la prima

4. *Moderato*

Salti di terza

Per le diverse legature non dimenticare che *Re* e *Do* bisogna farli sulla terza corda

come *Sol* e *Fa* sulla seconda

Salti di quarta

Salti di quinta

Salti di sesta

Salti d'ottava

Accordo

SCALA DI MI MINORE

STUDI

Maestoso

1.

Molto Moderato

2.

PER ARRIVARE AL SOL.

3. Adagio

[musical notation]

4. Moderato

[musical notation]

Salti di terza

[musical notation]

Per le diverse legature si faccia secondo le osservazioni precedenti.

Salti di quarta

[musical notation]

Salti di quinta come nelle altre scale.

Ommetteremo in seguito, nelle scale minori i salti di sesta. — La sesta e settima alterate essendo soggette a troppe variazioni, potrà poi l'allievo, corroborato dallo studio della Composizione adoperarle più tardi, ma sempre però in ragione delle posizioni relative ai rispettivi toni maggiori.

I salti di ottava come nel tono di *Sol maggiore*, eccettuato il *Do♯ e Re♯*, sesta e settima eccedente.

Accordo

SCALA DI RE MAGGIORE

PER ARRIVARE AL FA

STUDI

Moderato. con molto arco

1.

Sostenuto

2.

53

Lentamente

3.

con forza

4.

Salti di terza

54 **Salti di quarta**

Gli stessi salti colle legature in tutte le maniere. — Non si dimentichi l'allievo di fare tanto sulla seconda, quanto sulla terza corda i salti seguenti:

Sulla seconda   Sulla terza

Salti di sesta

Colle legature

Salti d'ottava come negli altri toni 1 e 4 dalla terza corda alla prima

ascendendo, e 4 e 1 dalla prima alla terza corda, discendendo.

Accordo

SCALA DI SI MINORE

Raccomando all'allievo queste posizioni perchè importantissime.

PER ARRIVARE AL RE

STUDI

Adagio. Le note limpide e piene.

1.

2.

marcato il secondo quarto

3.

ben legato

4.

Salti di terza

Incominceremo ad omettere i numeri delle dita sui passaggi che l'allievo deve a quest'ora già conoscere.

56 Accordo

SCALA DI SI♭

PER ARRIVARE AL RE

PER ARRIVARE AL FA

STUDI

1.

2. *Moderato.* *ben marcato e staccato*

3. *Allegretto.* *con energia*

Allegretto. *leggero.*

4.

Salti di terza

Salti di quarta

Attenzione sempre colle diverse legature.

Accordo

SCALA DI SOL MINORE

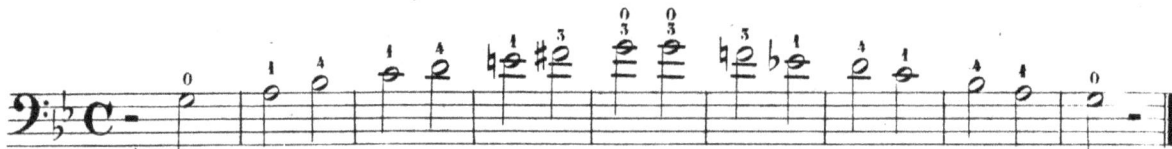

STUDI

Sciolte

1.

Lo stesso Esercizio con tutte le seguenti arcate a tre a tre.

Staccata la prima e in su le altre due.

Le prime due legate, la terza in su.

Sei in giù, sei in su.

Staccata la prima, legare tre in su, staccare tre.

Staccare la prima e poi legate di tre in tre.

Tre legate, tre picchettate.

Questo esercizio, oltre all' esser molto vantaggioso per l'arco, sviluppa eziandio moltissimo la mano sinistra, essendo questa obbligata a cambiar di posizione in forza delle differenti legature.

Adagio. marcare sempre la prima.

2.

Andante.

3.

con forza.

molto arco.

Allegretto.

4.

Salti di terza

Colle posizioni conosciute

Accordo.

SCALA DI MI♭

PER ARRIVARE AL FA

PER ARRIVARE AL SOL

STUDI

Adagio. pesante.

1.

Moderato.

2.

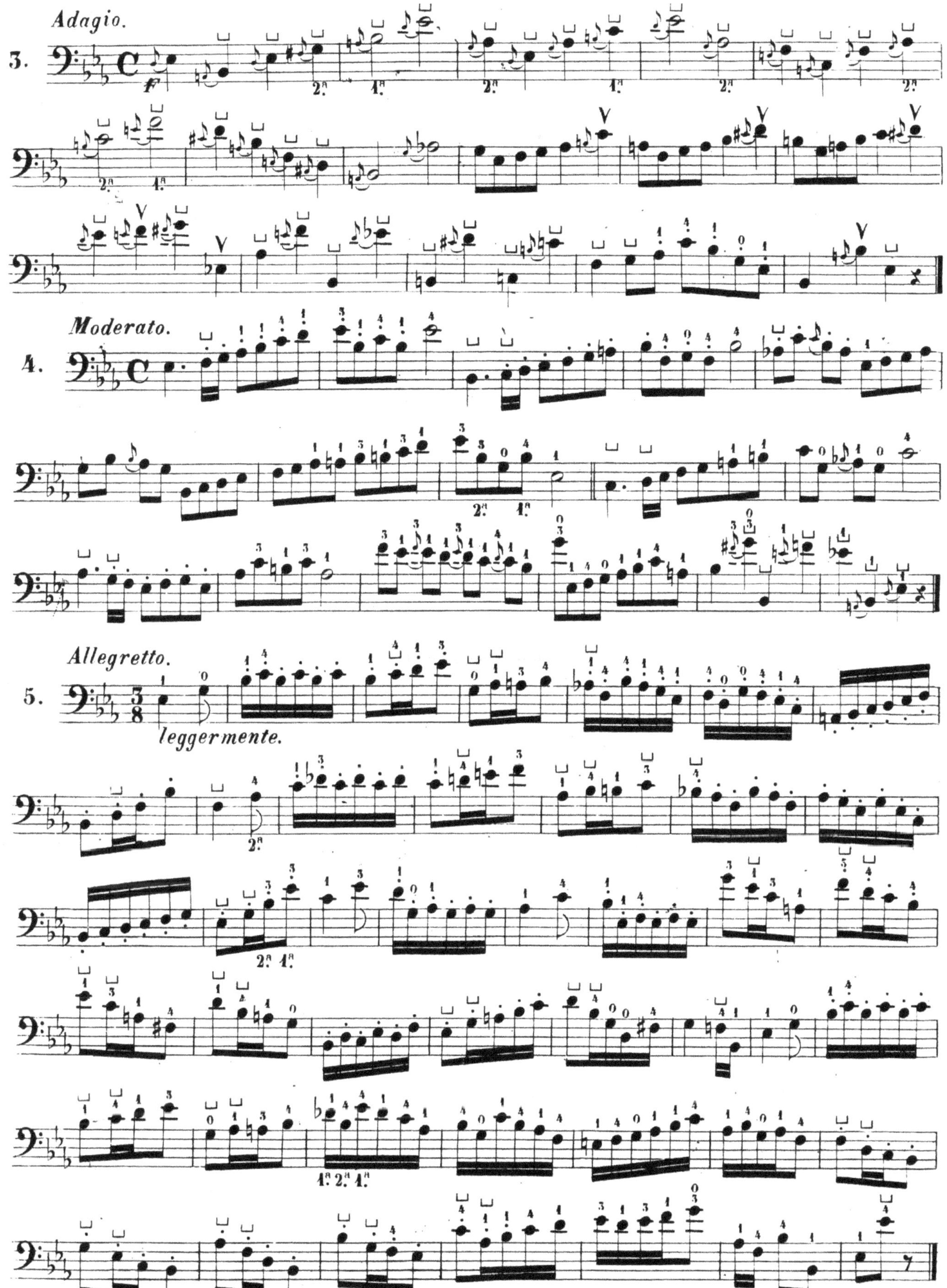
Adagio.
3.
Moderato.
4.
Allegretto.
5.
leggermente.

Adagio

6.

Salti di terza

Salti di quarta

Accordo

SCALA DI DO MINORE

STUDI

Maestoso

1.

Allegretto

2.

64

Moderato.

6.

Salti di terza

Per l'accordo servirsi delle stesse dita come nel Do maggiore.

SCALA DI LA MAGGIORE

Eseguiscasi pure sulla seconda corda colle stesse dita.

STUDI

Salti di terza

Salti di quarta

SCALA DI FA ♯ MINORE

STUDI

Adagio

1.

68

Ripubblicato da www.stephenstreet.com © 2019

Salti di terza

Salti di quarta

Accordo

SCALA DI LA♭

STUDI

Andante.

1.

Moderato.

2.

70

Allegretto.

3.

Moderato

4.

Salti di terza

Salti di quarta

Accordo

SCALA DI FA MINÓRE

STUDI

Maestoso

1.

72

Salti di quarta

Osservare le legature.

SCALA DI MI MAGGIORE

Siccomé questo tono è assai difficile raccomandiamo molto studio e pazienza.

STUDI

Moderato

1.

Moderato

2.

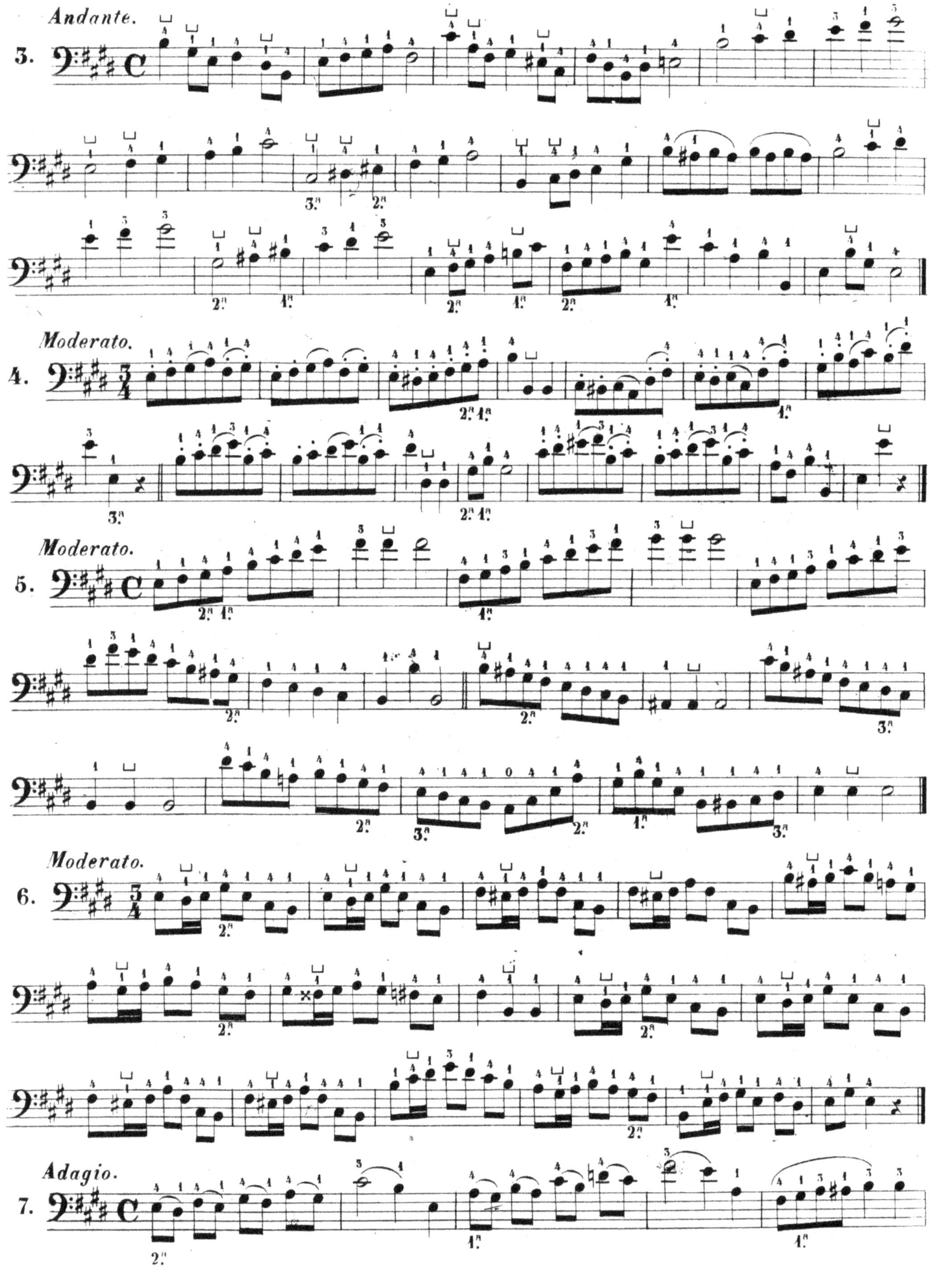
Andante.
3.
Moderato.
4.
Moderato.
5.
Moderato.
6.
Adagio.
7.

Salti di terza.

Accordo.

SCALA DI DO ♯ MINORE

Essendo queste posizioni molto difficili, noi raccomandiamo all'allievo di studiarle molto lentamente.

STUDI

Salti di terza

Accordo

SCALA DI RE ♭.

STUDI

Adagio

1.

Moderato

2.

78

Adagio

3.

Adagio

4.

Salti di terza

Si procuri sempre di far molte legature secondo gli esempi delle scale più facili.

SCALA DI SI ♭ MINORE

STUDI

Salti di terza.

Osservare le legature.

SCALA DI SOL ♭ MAGGIORE

STUDI

Moderato

1.

Adagio

2.

Moderato

3.

Salti di terza

SCALA DI MI ♭ MINORE

STUDI

Adagio

1.

Moderato

2.

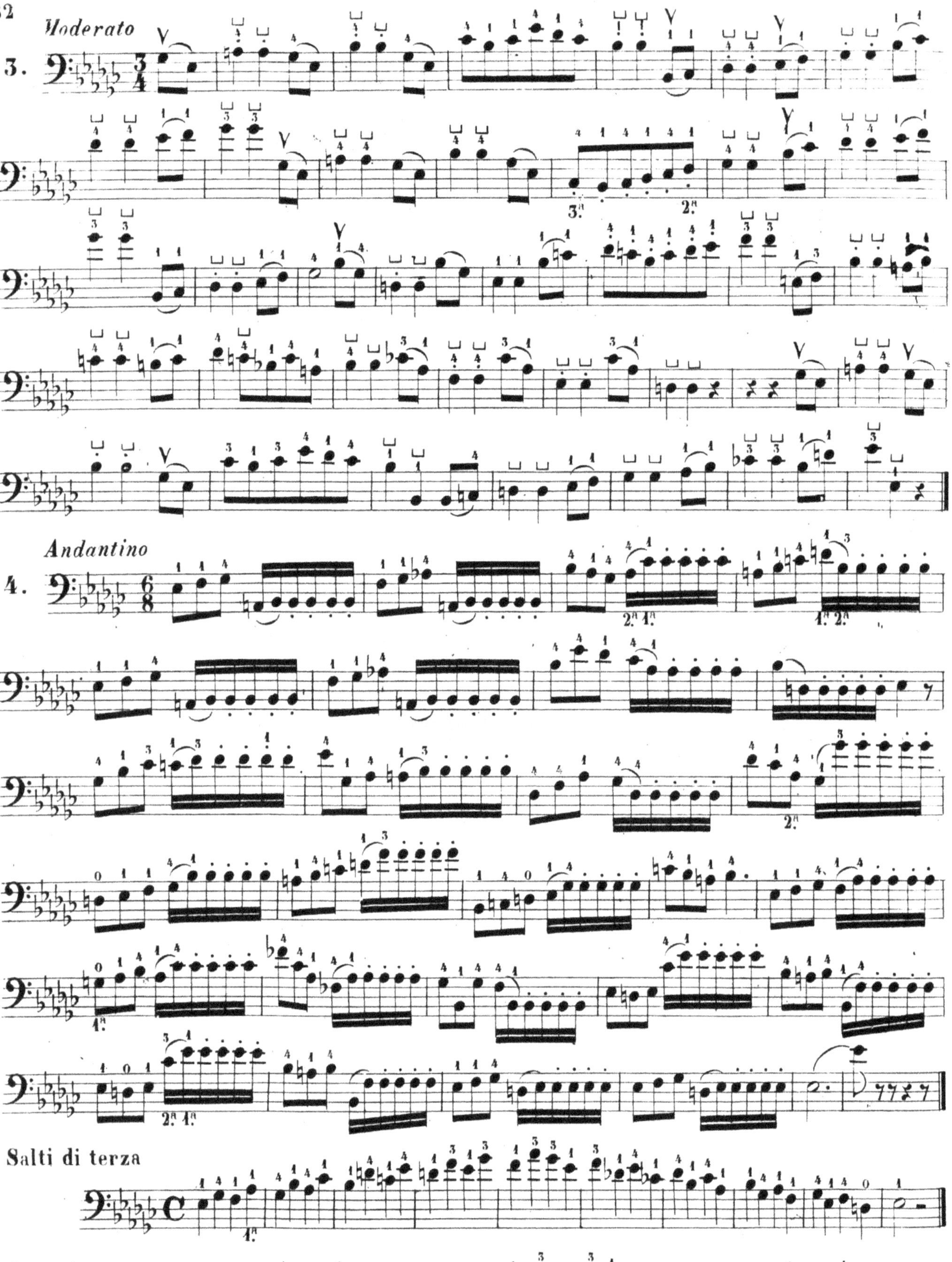
Moderato
3.
Andantino
4.
Salti di terza
Accordo

SCALA DI SI MAGGIORE

STUDI

Maestoso

1.

Allegretto

2.

84

Andantino

3.

Molto Moderato

4.

Salti di terza

Accordo

SCALA DI SOL ♯ MINORE

STUDI

Adagio

1.

Andante

2.

DEGLI ABBELLIMENTI DEL CANTO

TRILLO, APPOGGIATURA, MORDENTE, GRUPPETTO.

Il vario capriccio dell'artista ha talmente accresciuto il numero de' modi coi quali si abbellisce il canto che non è oggimai facil cosa il denominarli tutti: il perchè noi ci limiteremo ai seguenti i quali sono generalmente più in uso.

L'appoggiatura si fa quando invece di prendere subito la nota principale si prende la nota che la precede, o viceversa per passare sulla principale. — Divideremo questa appoggiatura in tre speci.

1.ᵃ *Semplice*, quando non comprende se non una sola nota. Esempio:

APPOGGIATURA. ESECUZIONE.   APPOGG: ESEC: APPOGG: ESEC:

L'appoggiatura semplice divide, come si vede, il valor delle note in due parti eguali.

Le seguenti invece non prendono alcun valore dalla nota che appoggiano e perciò stesso vengono rappresentate da crome, semicrome e biscrome. Es:

2.° *Doppia appoggiatura*; quando si prendono due note di seguito. Es:

APPOGG: ESEC: APPOGG: ESEC:

3.° *Tripla*, quando si prendono tre note. — Si può chiamare anche gruppetto quando fra la prima e la terza nota si mette la nota principale. Es:

APPOGG: ESEC: APPOGG: ESEC:

L'appoggiatura si scrive colle così dette notine innanzi alla nota che vuol essere appoggiata. Il valore di queste notine comunque annodate in gruppetti di due o di tre corrisponde invariabilmente alla metà del valore della nota seguente dalla quale ritraggono esse appunto il detto lor valore. Quando però la nota non è divisibile l'appoggiatura non varrà in allora se non il terzo d'essa nota.

Il *trillo* è una celere alternazione della nota del canto con una notina che gli si scrive sotto o sopra. — Esso viene chiamato eziandio *Cadenza* perchè fu già adoperato nelle *Cadenze armoniche*, ma non è più in uso.

Il *trillo pieno* consiste in ciò che non s'incomincia se non dopo aver appoggiata la nota superiore, e si finisce aggiungendo una notina superiore d'un semitono alla principale. — Il trillo viene indicato con un *tr* sulla nota che si vuol trillare.

ESEMPIO ESECUZIONE

Il *mezzo trillo* ha luogo sopra una nota di minor valore, è viene indicato dal segno ⁓

ESEMPIO ESECUZIONE

Il *Mordente* è una specie di abbellimento che si fa coll'appoggiare pressochè insensibilmente una nota alla sua seconda minore al disotto per accentuare in seguito più sensibilmente la prima.

Il Mordente ha luogo d'ordinario nelle progressioni ascendenti per semitoni. Esso viene indi. cato col segno ⅄ sopra la nota.

ESEMPIO ESECUZIONE

Il *Gruppetto* composto di tre note che ritornano sulla nota principale è indicato dal segno ∞

ESEMPIO

ESECUZIONE

Il trillo vuol essere cominciato lentamente onde render più sensibile il suo progressivo accele. rare. S'ha da procurar sempre di far cadere il dito esattamente sul medesimo punto e preci. samente sulla seconda maggiore o minore. Il trillo è sempre cattivo quando abbraccia più d'un tono.

Quantunque il trillo in ogni altro strumento appartenga all'agilità più che alla forza delle dita, sul Contrabasso però non sarebbe buono dove si scompagnasse da quest'ultima; — conseguen. temente egli richiede molto esercizio e **grande pazienza**.

TRILLO
SEMPLICE

ESECUZIONE

Una nota di più o di meno poco importa alla perfezione del trillo. — Basta solo il procurar di renderlo progressivamente veloce il più che sia possibile.

DELLO STRISCIARE SULLA CORDA

Lo strisciare o scivolare colle dita sopra una corda facilita il passare da un tono all'altro con buona intonazione specialmente nei passi pericolosi. Egli è però necessario evitare con accortez_za di far sentire la distanza che passa da una nota legata all'altra, cosa che sarebbe d'un catti_vissimo effetto dove avesse luogo. Procurisi adunque di cader sulla nota con facilità e disin_voltura.

ESEMPI

DEL PIZZICATO

Il *Pizzicato* è un'oscillazione che si dà alla corda strappandola come appunto si fa sull'arpa.

Le note semplici devono esser pizzicate col polpastrello dell'indice in isghembo, tirando la cor_da e lasciandola tosto partire onde possa quindi vibrar liberamente. — Il pollice tenendosi sull'orlo della tastiera dovrà servire di punto d'appoggio all'indice. Gli altri tre diti terranno l'arco in mo_do però che non possa mai urtare contro la corda.

Prima di passare alla seconda parte di questo metodo, parte che noi abbiamo unicamente scritta per chi aspirasse al difficilissimo impegno d'esser Solista, abbiam creduto far cosa grata non che giovevole al nostro allievo scrivendo qui alcuni studi più liberi ed in que' toni che meglio convengono al Contrabasso.

DO MAGGIORE. *Andante.*

1.

FA MAGGIORE. *Moderato.*

2.

RE MINORE. *Molto Moderato.*

3.

90

SI ♭ MAGGIORE. *Moderato.*

4.

SOL MINORE. *And.te cantabile.*

5.

MI ♭ MAGGIORE. *Maestoso.*

6.

Ripubblicato da www.stephenstreet.com © 2019

SOL MAGGIORE. *Moderato.*

7.

RE MAGGIORE. *Assai Moderato.*

8.

Il cambio del terzo e del quarto dito sulla stessa posizione è qui fatto espressamente: primo per **non istancar** sempre le medesime dita, secondo per abituare l'allievo a questa sostituzione senza che pur gli venga fatto di provare alcuna difficoltà.

92

Adagio e molto legato.

SI MINORE.

9.

LA MAGGIORE. Moderato.

10.

Allegretto.

A ♯ MINORE.

1.

Questo esercizio è tolto in parte da **Kreutzer.**

Moderato.

DO MAGGIORE.

12.

FINE DELLA PRIMA PARTE

PARTE SECONDA
DEL CONTRABASSO STUDIATO COME STRUMENTO SOLISTA

Come abbiamo detto al principio di questo Metodo noi ci serviremo in questa seconda parte di note scritte senza far trasposizione all'ottava superiore. Questo sistema, che non fu mai in uso, toglie uno dei più gravi inconvenienti qual è quello di servirsi di più chiavi che adoperate male a proposito complicano le difficoltà d'una buona interpretazione confondendo il suonatore ed occasionando pur anco equivoci. Il perchè, scrivendo la nota nel giusto e vero suo luogo, quantunque al Contrabasso qui trattato come strumento solista venga data un'assai grande estensione, noi non avremo bisogno se non se di due Chiavi, quella cioè di Violino e l'altra di cui ci siamo serviti fino ad ora.

Ciò premesso, noi diamo qui l'estensione che abbiamo potuto ottenere dal Contrabasso nella nostra qualità di solisti.

ESTENSIONE DEL CONTRABASSO

SUONI ARMONICI

Gli armonici prestandosi sopra un buon Contrabasso ad una vigorosa pressione d'arco, danno un eccellente effetto, avvegnachè corrispondono con eguaglianza al carattere dello strumento: il modo poi di ottenere quest'eguaglianza consiste tutto nell'accortezza dell'abile suonatore che ha il buon tatto di scegliere quelle musiche che a ciò si prestan meglio. Pel solista la più grande difficoltà è quella di eguagliare tutti i suoni che costituiscono la grande estensione del Contrabasso, strumento che, malgrado le sue imperfezioni, può dare dei risultati bellissimi. Lasciando da parte gli armonici de' quali ci si vuol far carico d'abuso, diremo soltanto che quando s'arriva ad eseguire esattamente come è scritta la parte del Violoncello in un quartetto di Beethoven, servendosi anche talvolta d'alcuno armonico che pel suo carattere sensibile regge al confronto d'un altro strumento, è un progresso che certo nessuno potrà contestare. — Ciò premesso incominceremo a scrivere in dettaglio una quantità di esempi che, relativamente a quanto abbiam scritto nella prima parte di questo metodo, agevoleranno all'allievo un rapido progresso al perfezionamento.

Prendasi per base la scala di **Do**:

La piccola croce sul *Sol* vale ad indicare il pollice che deve servire da capo-tasto. — le altre quattro dita saranno rappresentate dai numeri 1,2,3,4: la corda vuota da un 0. Esempi.

Sulla corda di Sol.

Sulla corda di Re.

Sulla corda di La.

La conseguenza di questi esempi è che si può fare tutta la scala di *Do* colla posizione del capo-tasto. Es:

La mano ben rotonda ed eguale sulle tre corde. — Affrancarsi molto in questa posizione.

Allorchè l'allievo si sarà impossessato della detta posizione potrà incominciare i seguenti esercizi:

1.

2.

3.

4.

5.

6.

7.

8.

9.

10.

11.

Per unire le due ottave.

12.

Per arrivare al *Re* si adopera lo stesso dito **3** facendolo **cadere** sul *Re* armonico.

1.

2.

3.

4.

5.

Per arrivare al *Sol* bisogna mettere il pollice sul *Re* come capo-tasto nell'ascendere. Nel discendere si adopera il 3. Esempi.

Con capo-tasto sul *Re* pure discendendo.

2.

3.

Nella scala di *Re* maggiore è molto utile, benchè difficile, il servirsi del capo-tasto sul *La*. Es:

Scala di *La* minore.

Esercizio col capo-tasto sul *Re* della seconda.

Altra posizione da studiare sulla seconda corda.

1.

È d'assoluta necessità prendere il capo-tasto sul *Sol* ♯ come nel passo seguente:

Legato

Più facile per le dita, ma meno robusto.

STUDI FACILI SECONDO LE PRESCRITTE INDICAZIONI

2.

Mi minore.

Esercitarsi moltissimo nelle seguenti posizioni.

1.

2.

In conseguenza.

3.

4.

Andante

5.

Re maggiore.

Allegretto

1.

2.

Si minore.

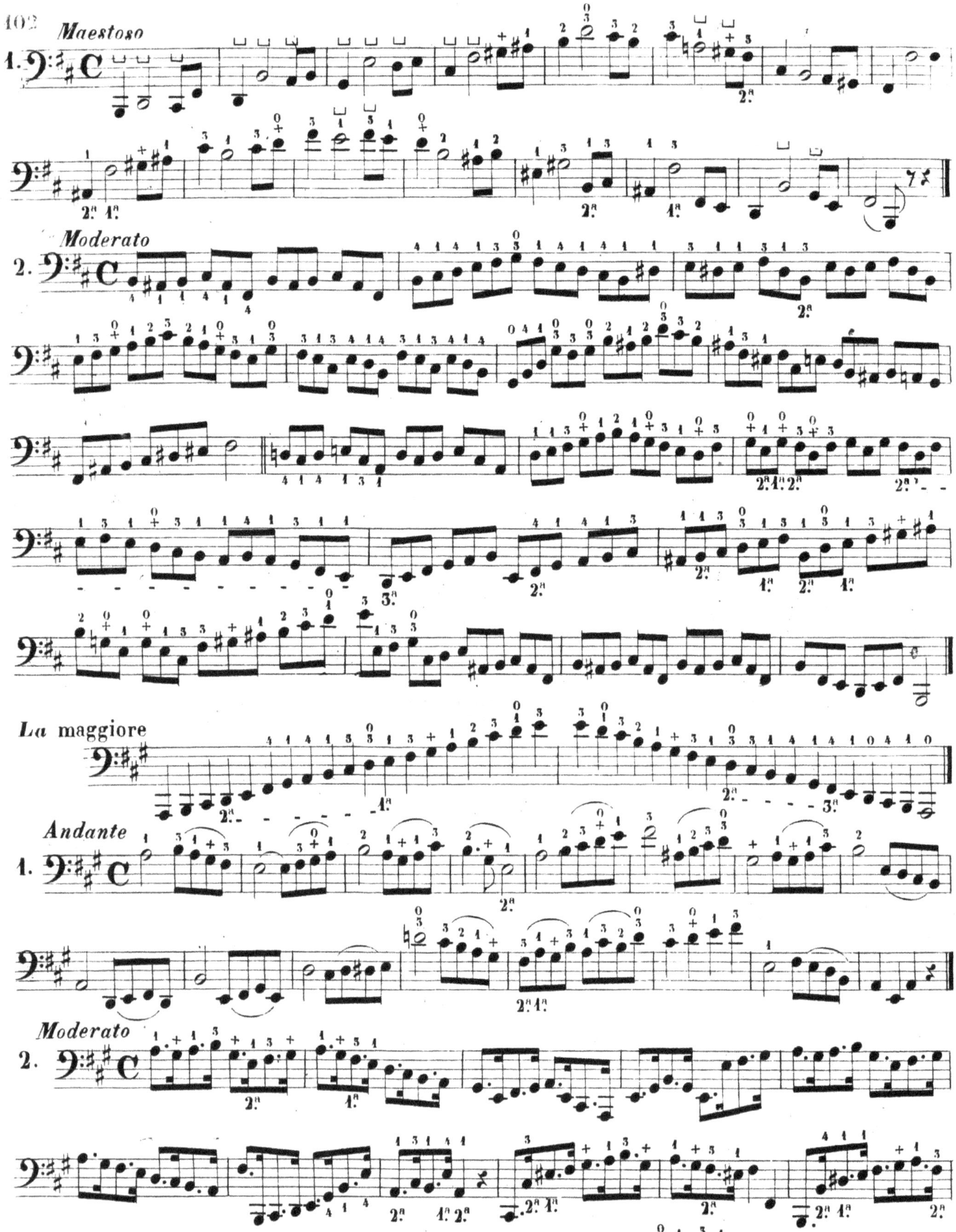
Maestoso
1.
Moderato
2.
La maggiore
Andante
1.
Moderato
2.

Fa ♯ minore

All.º Moderato

1.

Brillante

2.

Mi maggiore

Sostenuto

1.

Moderato
2.
Do # minore
Adagio
1.
Andante
2.
Si maggiore
Allegretto
1.

Moderato

2.

Sol # minore

Tutte posizioni molto malagevoli.

Adagio

1.

Moderato

2.

106

Fa ♯ maggiore

Allegretto

1.

Sol ♭ magg: = omologo di Fa ♯ magg:

Andantino

1.

Mi ♭ minore

Adagio

1.

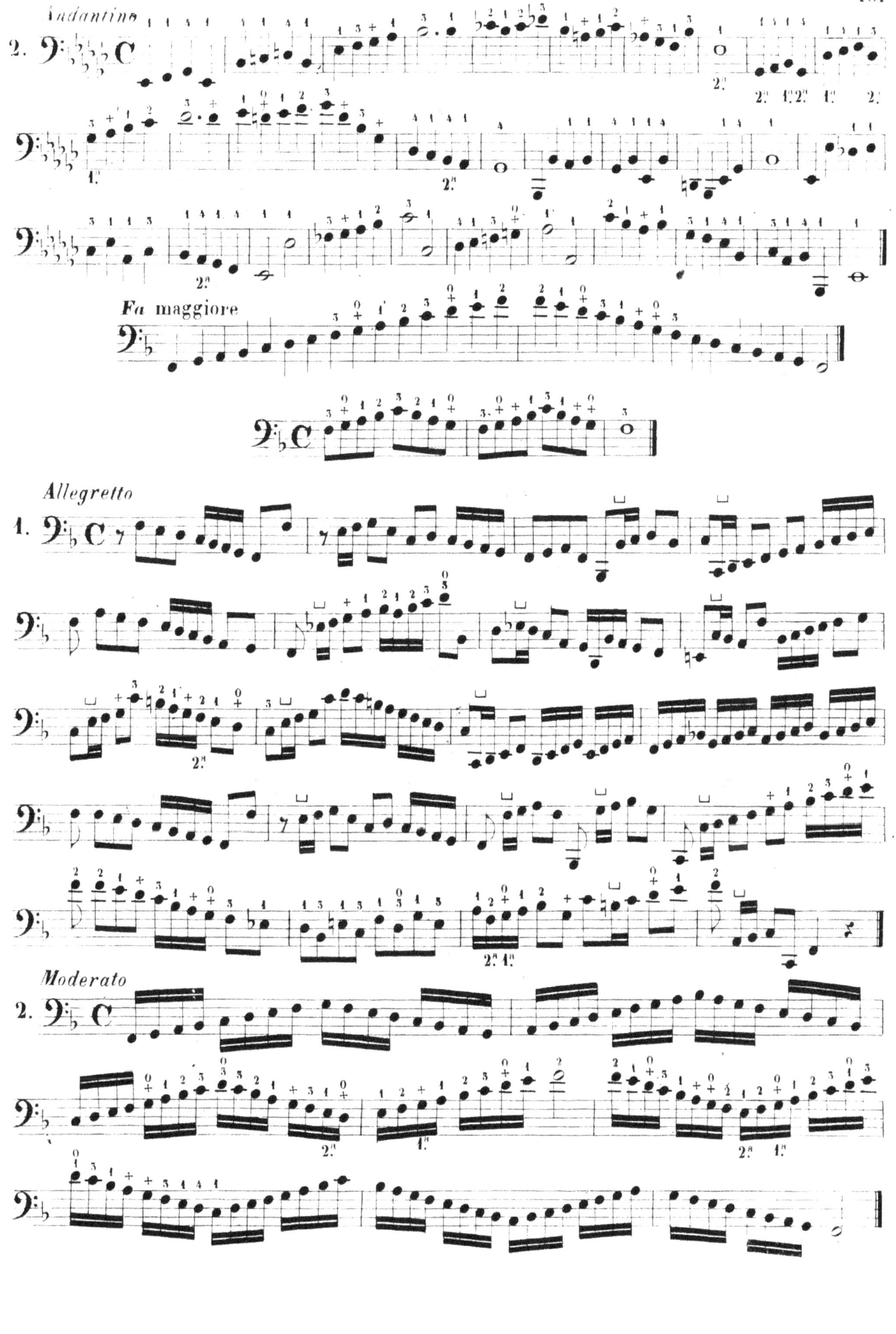
Andantino
2.
Fa maggiore
Allegretto
1.
Moderato
2.

Re minore

Allegro

1.

Allegretto

2.

Si♭ maggiore

Andantino

1.

All.^{tto} Moderato.

2.

110

Sol minore

Cantabile

1.

Appassionato

2.

111

Mi ♭ maggiore

Sostenuto

1.

Moderato

2.

Do minore

Adagio

1.

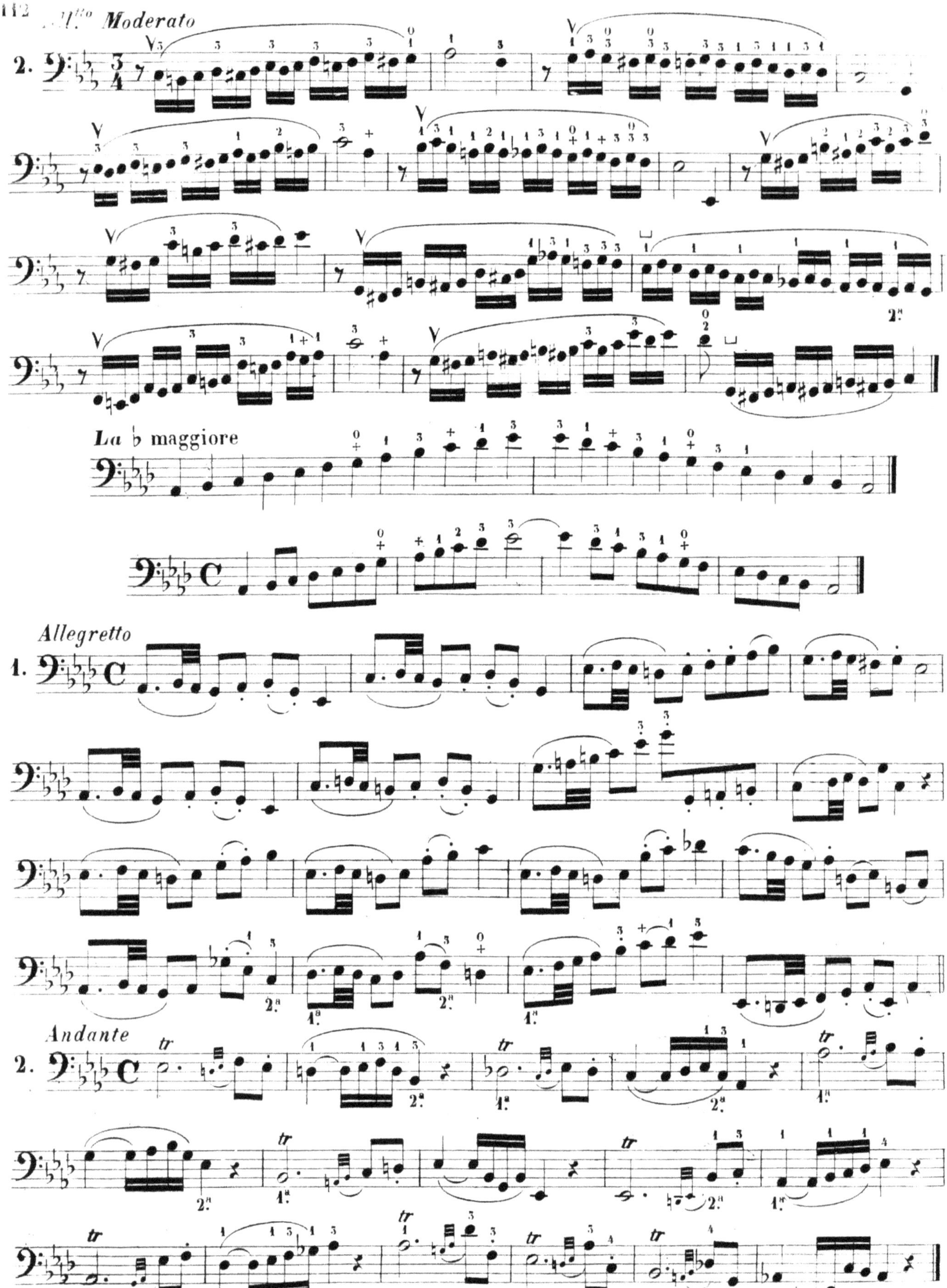
All.tto Moderato
2.
La ♭ maggiore
Allegretto
1.
Andante
2.

Fa minore

Moderato

1.

Allegretto

2.

Re♭ maggiore

Adagio

1.

Moderato

2.

Si♭ minore

Tutte queste posizioni sono pericolosissime, epperò s'hanno da studiare con molta pazienza.

Allegretto

1.

Allegretto

2.

Raccomandiamo all'allievo di esercitarsi molto sugli studi antecedenti e sopratutto nei toni difficili.

DEI SUONI ARMONICI

È oramai troppo conosciuto che la vibrazione d'una corda tesa dà nel suo mezzo l'ottava, che si può chiamare punto centrale, poichè tanto ascendendo quanto discendendo, la corda rende sempre i medesimi suoni armonici nel medesimo ordine. — Partendo adunque dal grave all'acuto, vale a dire portando la mano verso il ponticello, o viceversa, si troveranno i seguenti suoni:

CORDA DI SOL

Capotasto............................SOL.

....SOL.
....RE.
....SI.
....LA.
....SOL.

....RE.

....SI.

....SOL.

....RE.

Mezzo della corda, *Ottava.* 8ª............ *Ottava.* 8ª............SOL.

Due terzi, l'*Ottava della quinta.* 12ª............ *Ottava della quinta.* 12ª............RE.

Tre quarti, *Doppia Ottava.* 15ª............ *Doppia Ottava.* 15ª............SOL.
Quattro quinti, *Doppia Ottava della terza.* 17ª maggiore............ 17ª............SI.
Cinque sesti, *Doppia Ottava della quinta.* 19ª............ 19ª............RE.

Sette ottavi, *Tripla Ottava.* 22ª............ 22ª............SOL.
                23ª............ 23ª............LA.
                24ª............ 24ª............SI.
                26ª............ 26ª............RE.
                29ª............ 29ª............SOL.

Ponticello

Tralasciamo di aggiungere la 21.ᵐᵃ che corrisponde al **Fa**, la quale come settima di *Sol* è mancante: per conseguenza bisogna adoperarla con destrezza, vale a dire facendola sempre servire come nota di passaggio e nei passi dove non sia mai fondamentale.

Gli esempi successivi lo dimostreranno.

La 2.ª corda rende parimenti gli stessi suoni armonici della prima sino alla 24.ª *Fa* # dopo la quale nota si passa al *Cantino*. La 3.za corda poi, serve sino alla 19.ª *Mi*: a partir da quest'ultimo grado tutte le note che si possono ottenere stuonano per eccedenza. L'unico e veramente valido mezzo che rimane al Concertista per trarre buon partito dagli armonici, è quello di prender la doppia ottava come punto di partenza per discender verso il *Ponticello*. La mano sinistra conservando come nel *capo-tasto* la medesima posizione può con forza e sicurezza ritrarre agevolmente dalle tre corde i suoni voluti.— Eccezion fatta del pollice il quale resta perpendicolare alla prima nota che si vuol prendere, le altre dita strapperanno la corda in isghembo traendola più o meno giusta il colorito che si vuol dare alla frase.

Noi non incliniamo punto a credere che gli armonici del Contrabasso abbiano ad esser trattati con molta dolcezza, che anzi vogliono essere attaccati con una certa robustezza d'arco più o meno sentita secondo che il vario carattere della musica lo esige. — Gli armonici invertiti, che si ottengono come abbiam detto partendo dal mezzo della corda ed ascendendo al *capo-tasto* del manico, oltre all'esser d'un colore assai floscio e sbiadito riescono molto difficili e d'una digitazione poco sicura: epperò, benchè da noi non si sconvenga che giovi lo studiarli onde poi ritrarne alcun profitto in certe rarissime contingenze, raccomandiamo al Concertista di attenersi esclusivamente agli armonici fatti presso al *ponticello* che per nitidezza, forza e sicurezza sono di gran lunga preferibili.

TAVOLA DEI SUONI ARMONICI SOMMINISTRATI DA CIASCUNA DELLE TRE CORDE

DIVERSE MANIERE DI DIGITAZIONE

Tralasciamo di mettere il segno (º) giacchè servendosi della chiave di *Sol*, questa significherà, armonico.

PICCOLI ESERCIZI

Nel salto dal *Mi* al *Sol*, far sì che l'arco non tocchi la corda di *Re*.

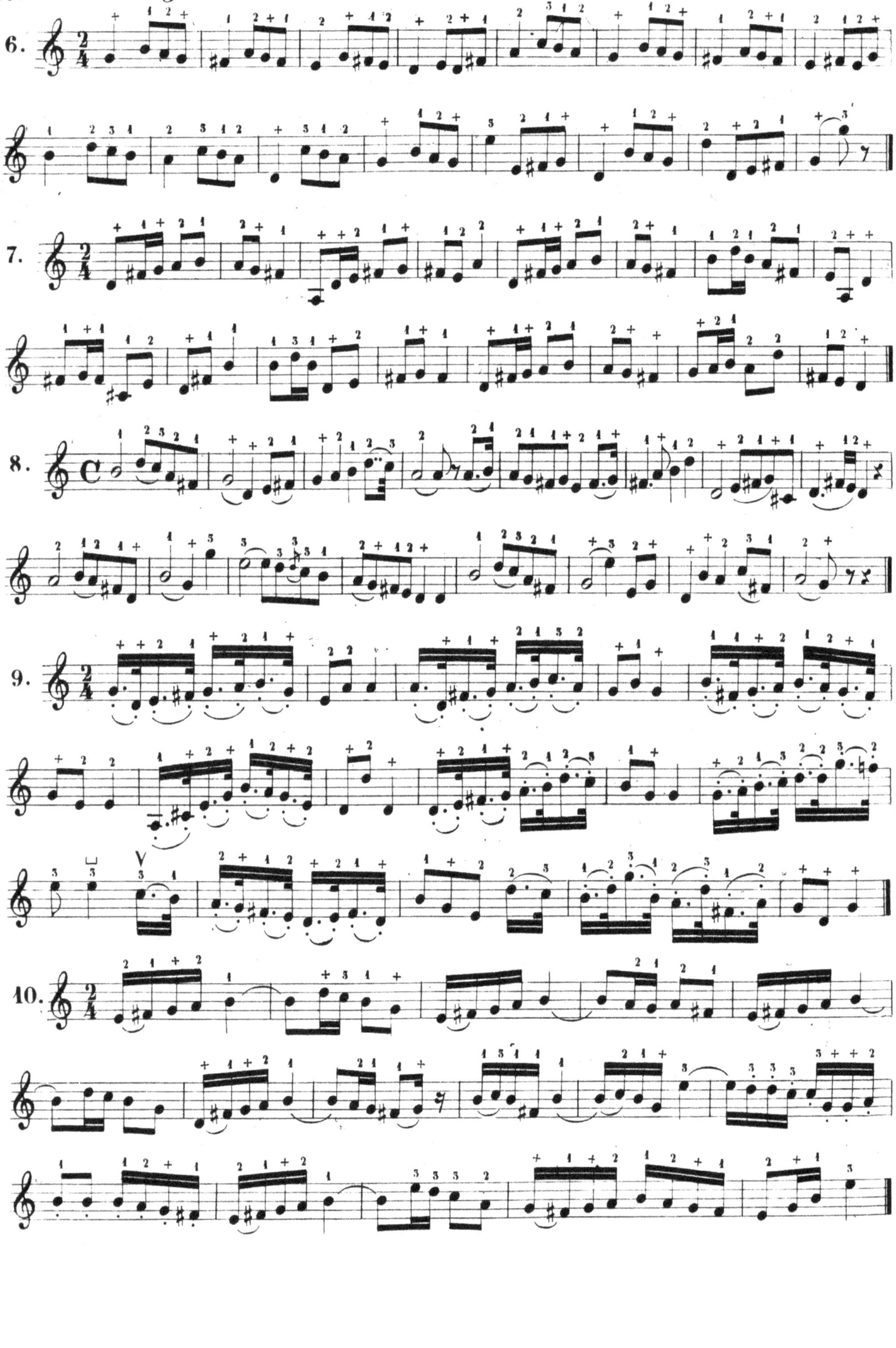
6.
7.
8.
9.
10.

Dai soprascritti esercizi si può presso a poco comprendere le risorse degli armonici.

La difficoltà consiste nell'unire le note chiuse dell'ottava più bassa, o per meglio dire di tutto l'istrumento coi detti armonici.

Daremo qui alcuni esempi acciò l'allievo possa farsene un'idea precisa.

ESERCIZI IN TUTTA L'ESTENSIONE DELL' ISTRUMENTO

Allegro

con forza

All.° Moderato.

2.

122

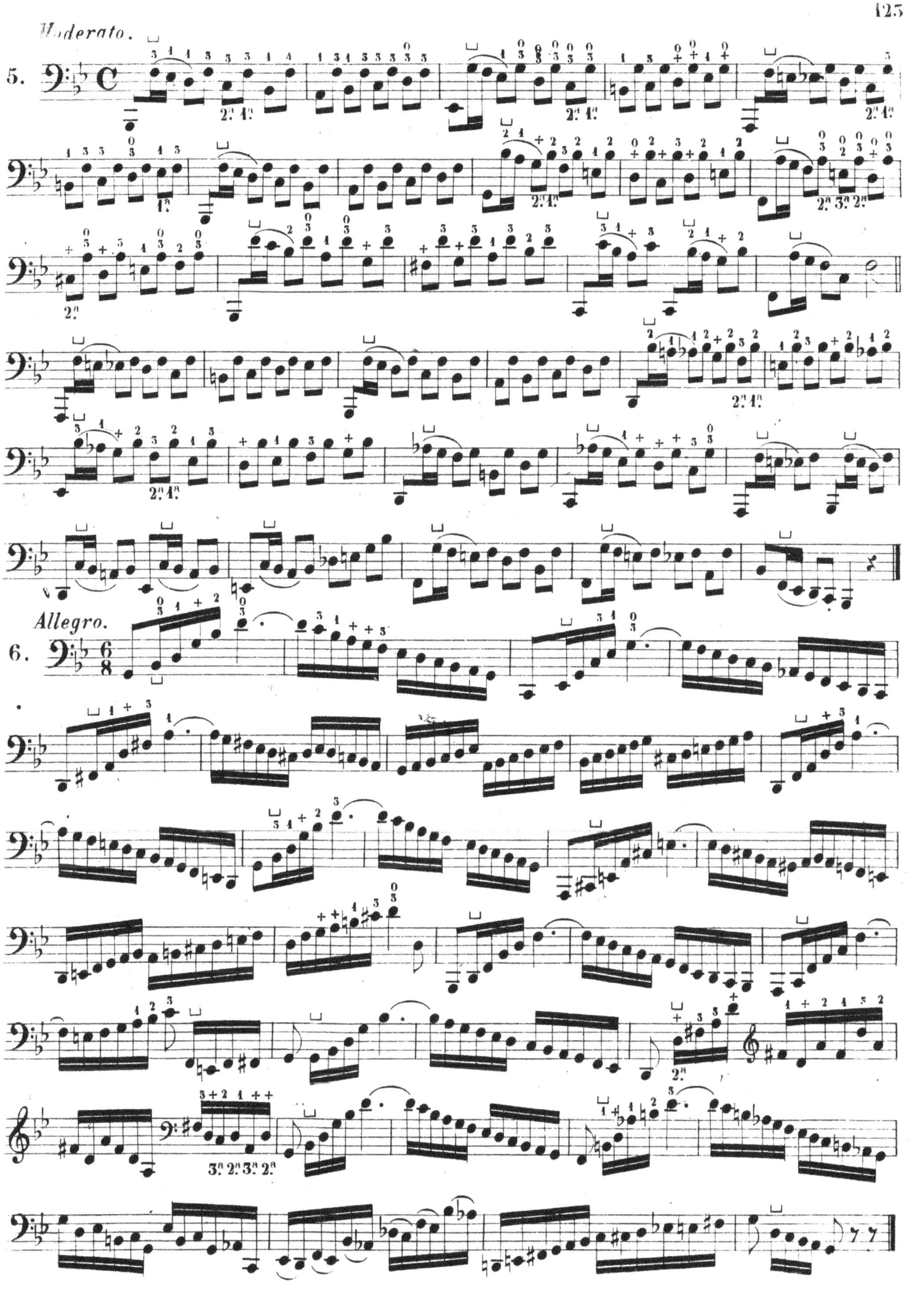
Moderato.
5.
Allegro.
6.

4.° sostenuto.

7.

Moderato.

8.

Moderato.

9.

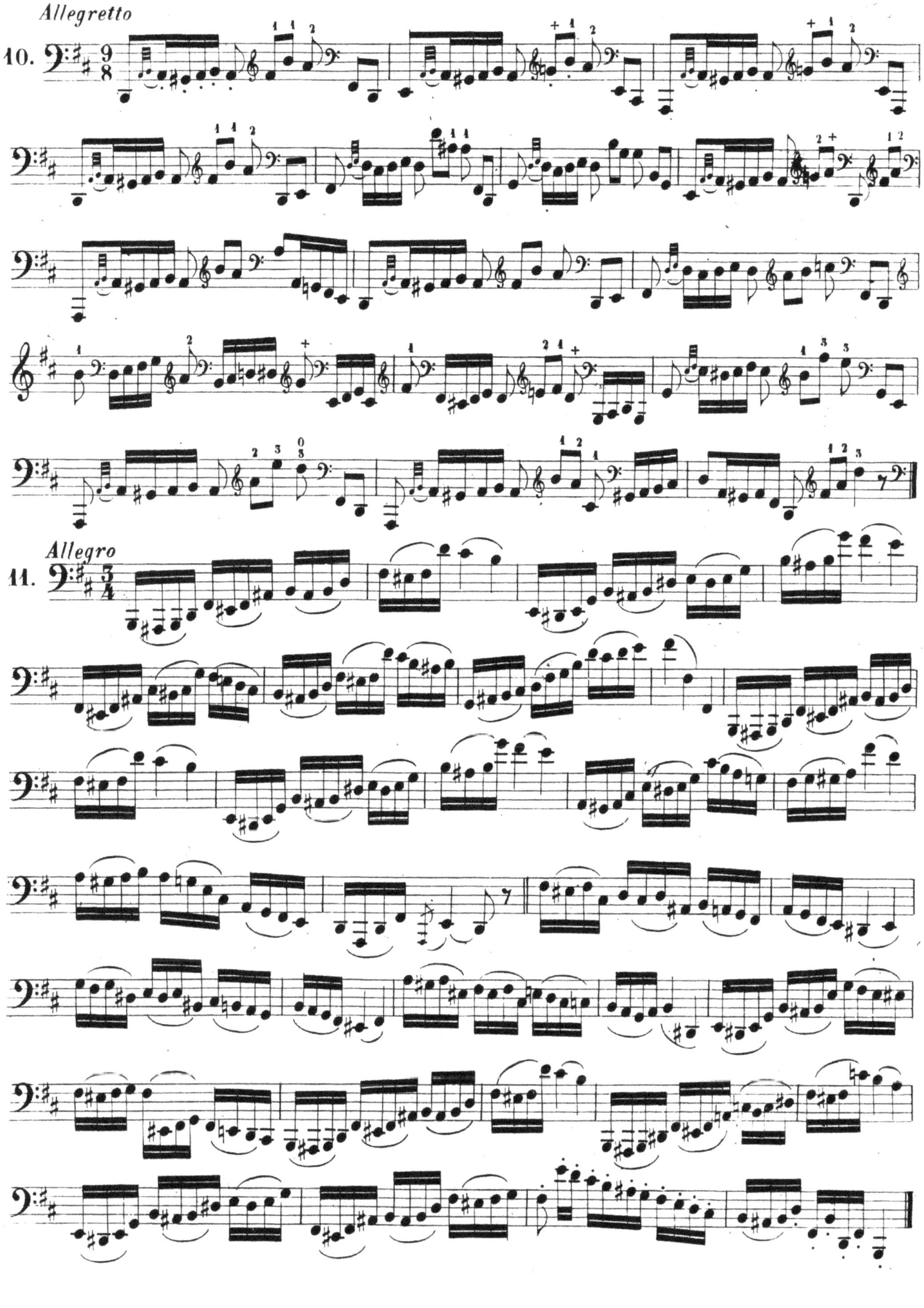
Allegretto
10.
Allegro
11.

Per servirsi delle poche note doppie che l'istrumento può dare meno difficilmente.

Andante.

12.

ARPEGGIO.

Esempio d'un passaggio in uno de' miei Concerti.

Moderato

Nella scala di *Re* cogli armonici bisogna premere molto il *Do* ♯ col secondo dito.

Il *La* ♯ sul cantino si ottiene prendendo robustamente la corda di traverso col pollice e il primo dito.

Adagio

STUDI MELODICI

con accomp.to di Pianoforte

ELEGIA

BOTTESINI

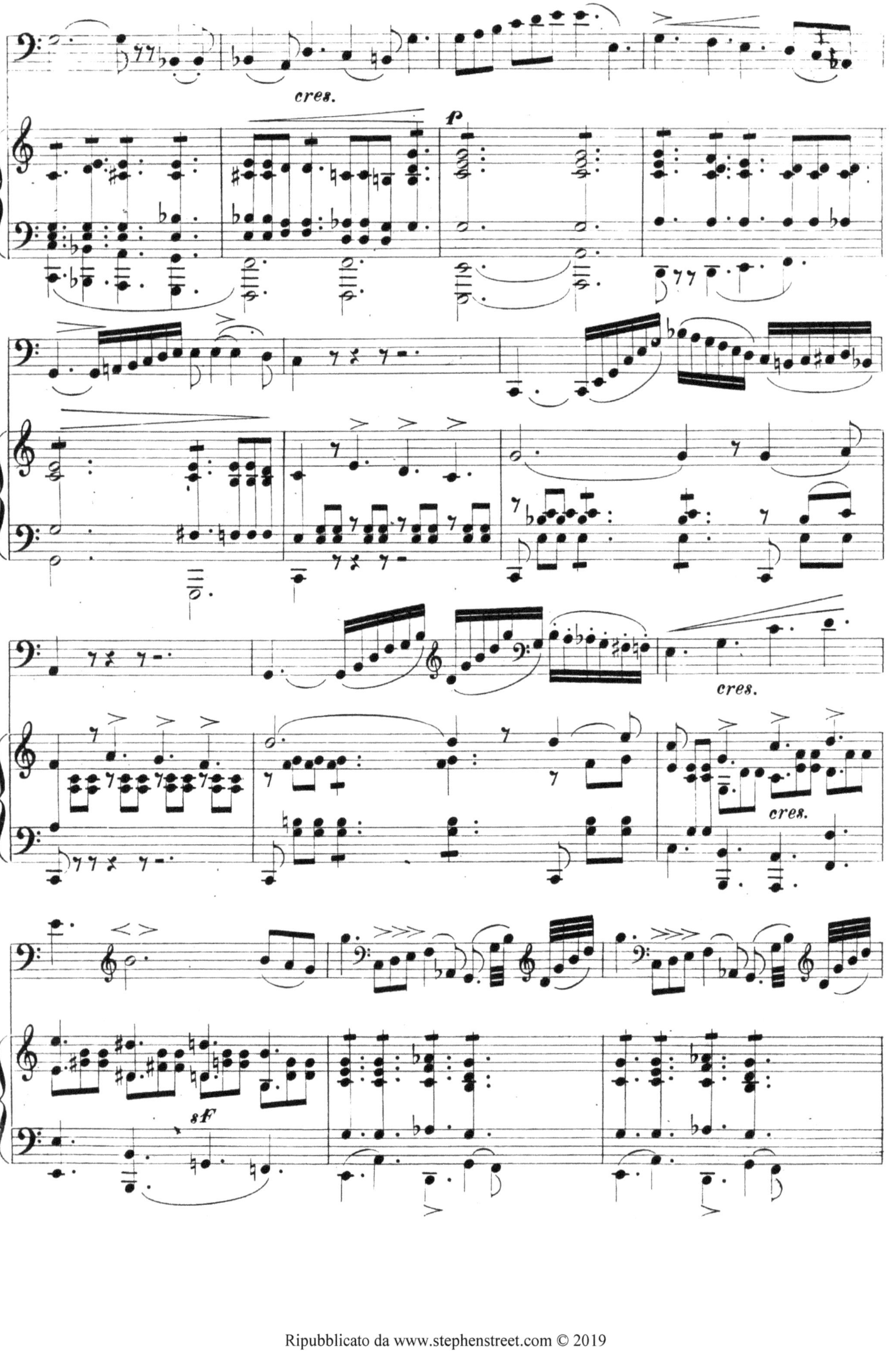
cres.
p
cres.
cres.
sF

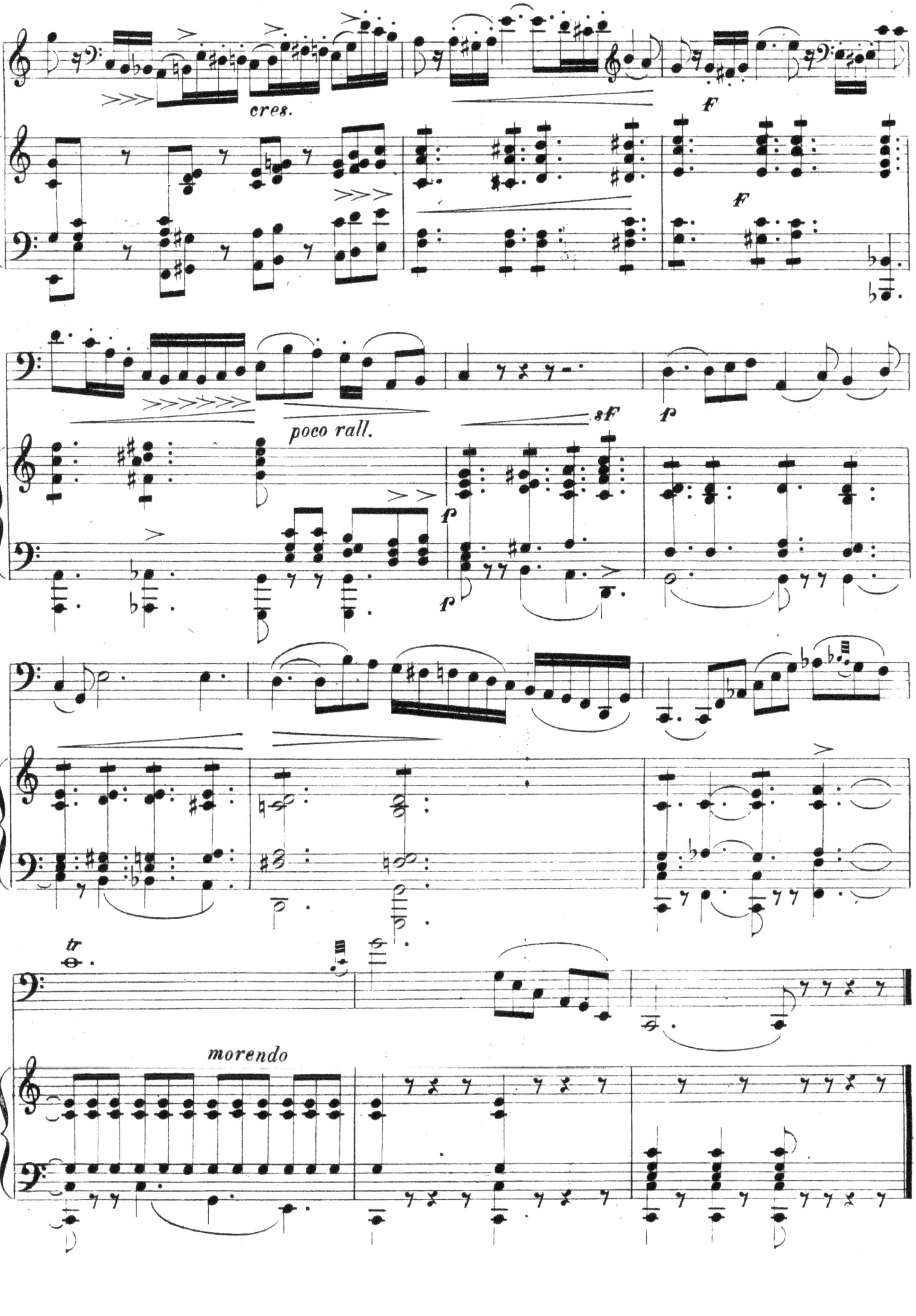
cres.
F
F
poco rall.
sF
P
P
P
P
tr
morendo

FINALE DELLA SONNAMBULA

Bellini

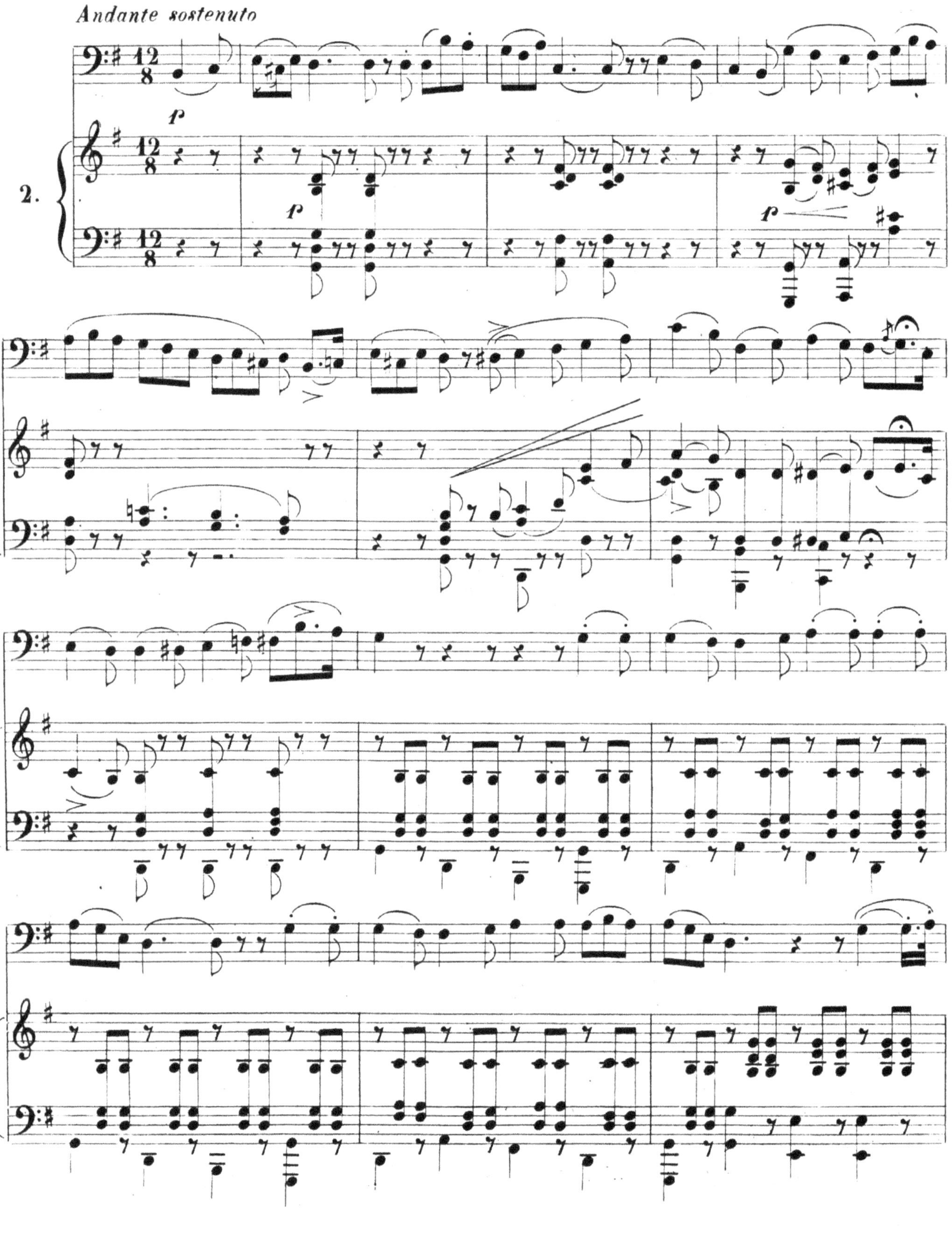
Andante sostenuto
p
2.
p
p

presto ed elegante

SERENATA NEL BARBIERE DI SIVIGLIA

Rossini

Andantino

animando

sF più animato rall.

colla parte

ARIA NEL TROVATORE

,,Il balen del suo sorriso,,

VERDI

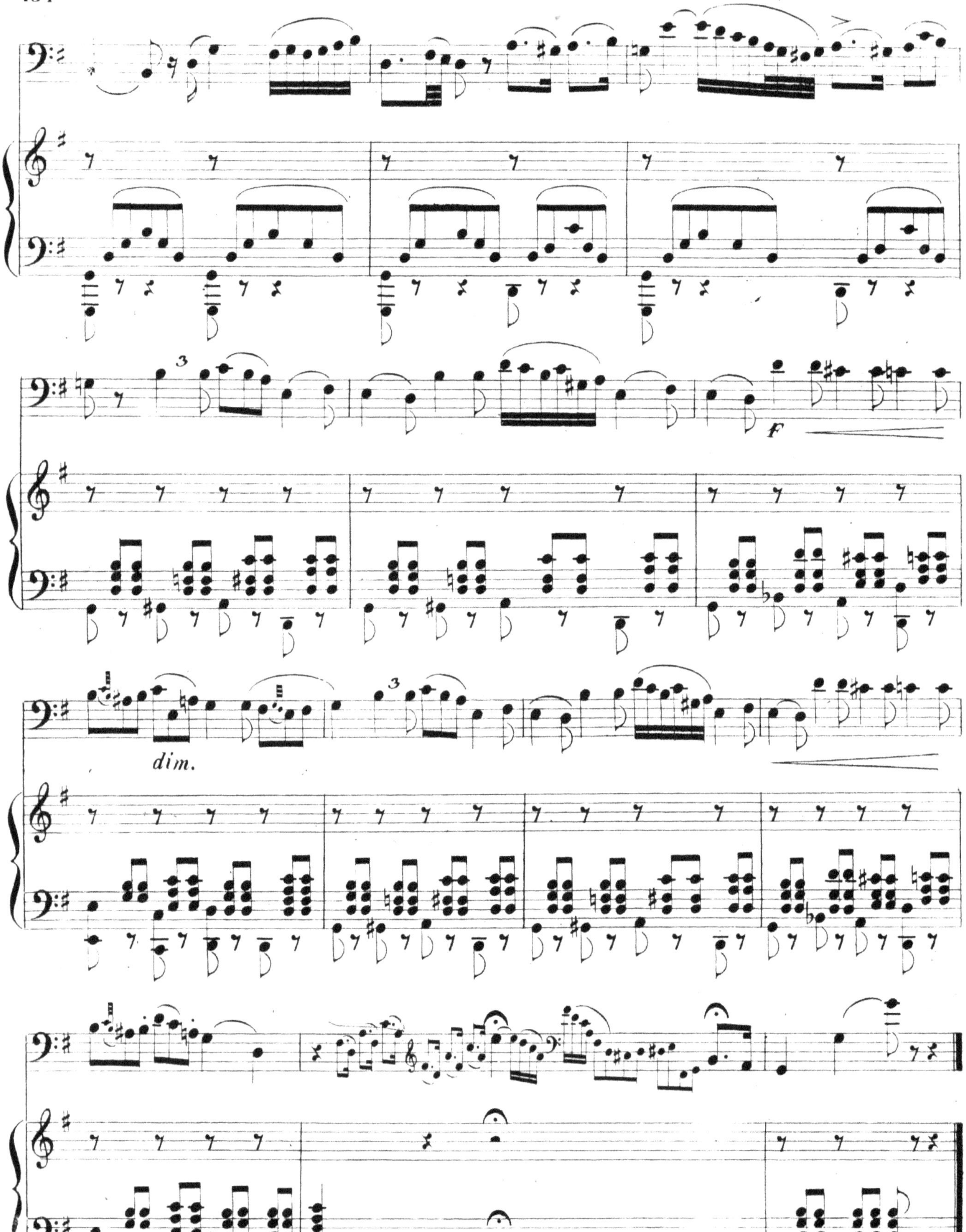
3
F
dim.
3

ROMANZA NELL' ELISIR D'AMORE

Donizetti

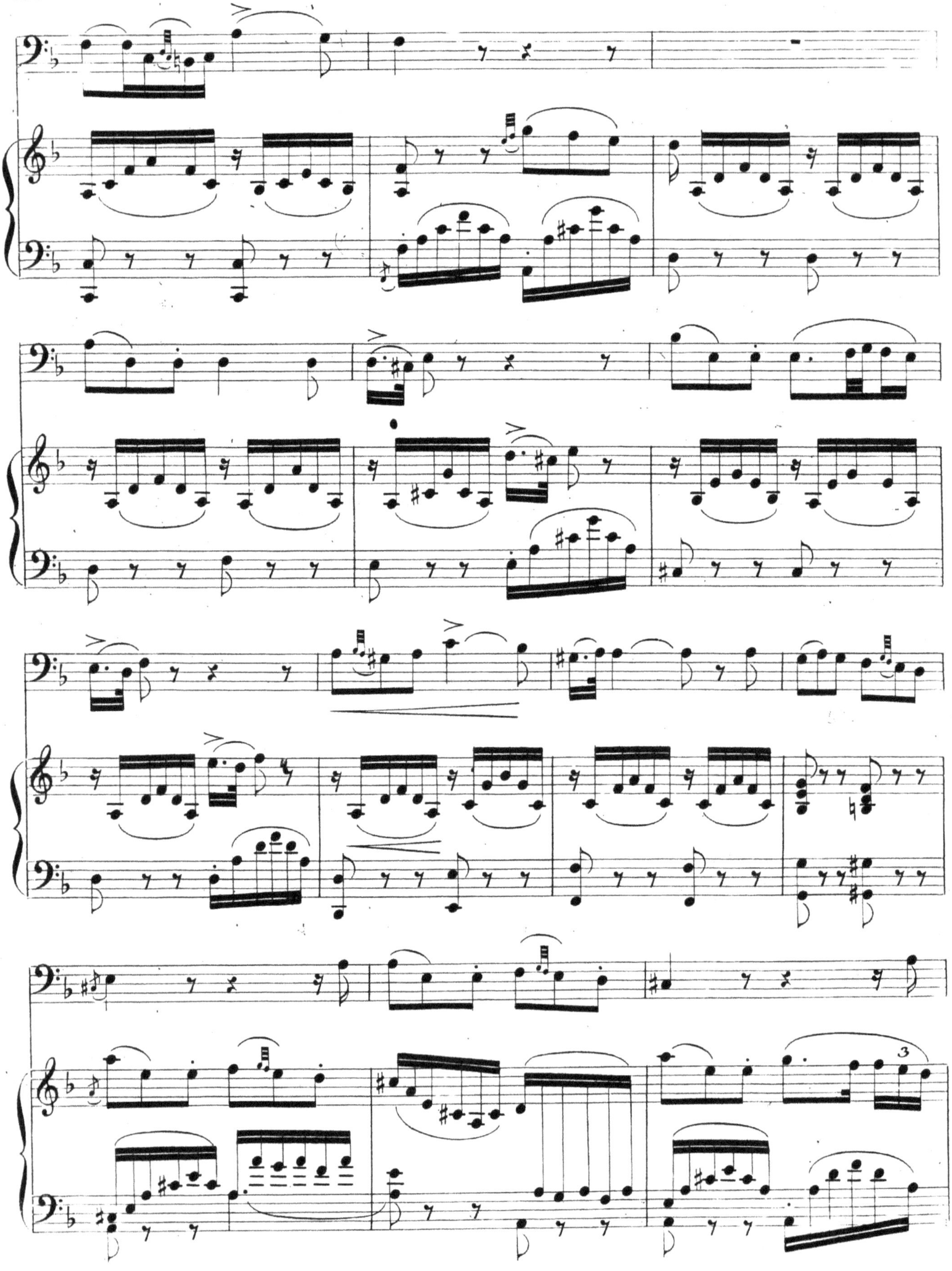

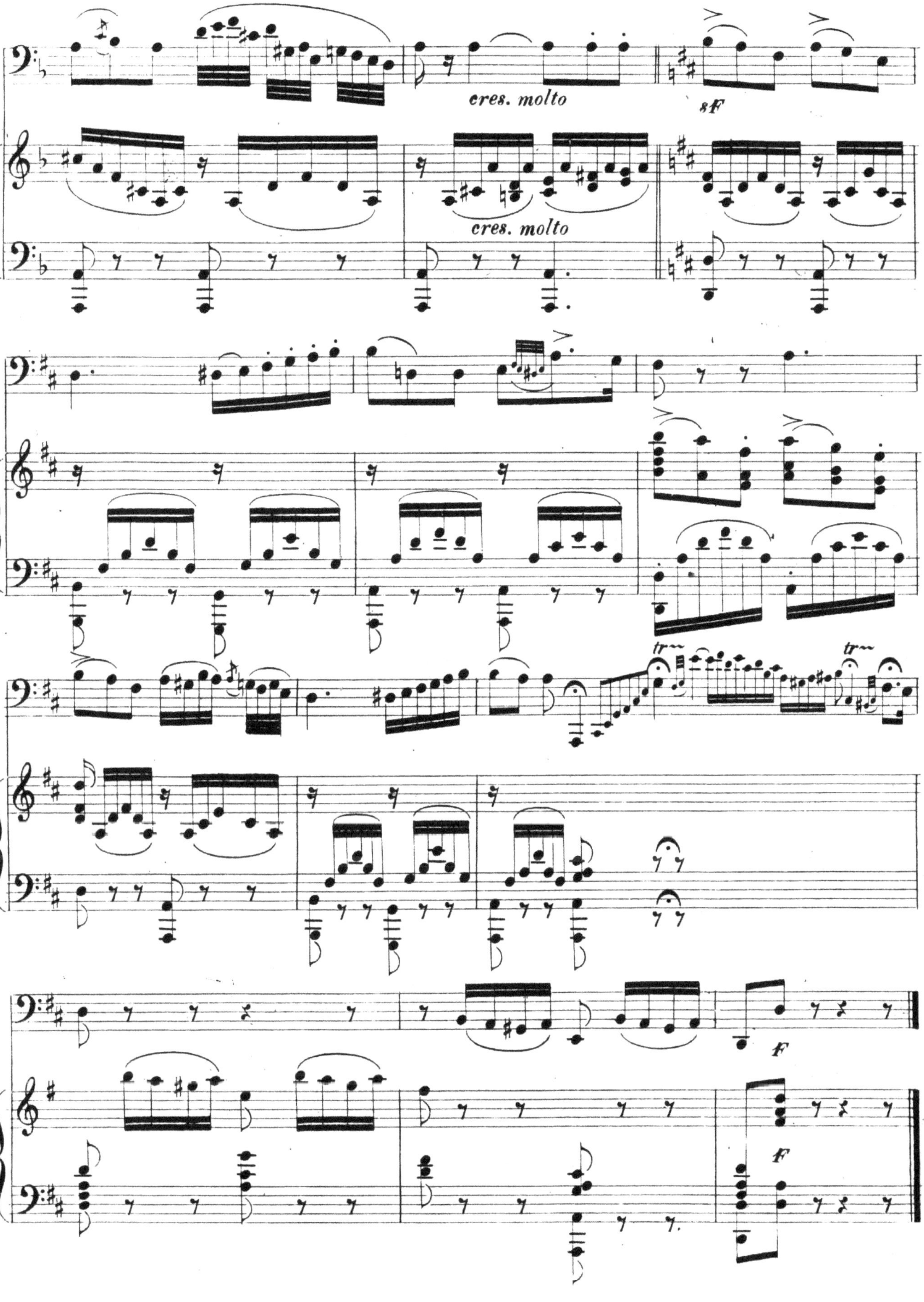
cres. molto
sF
cres. molto
tr
tr
F
F

IL CARNEVALE DI VENEZIA

BOTTESINI

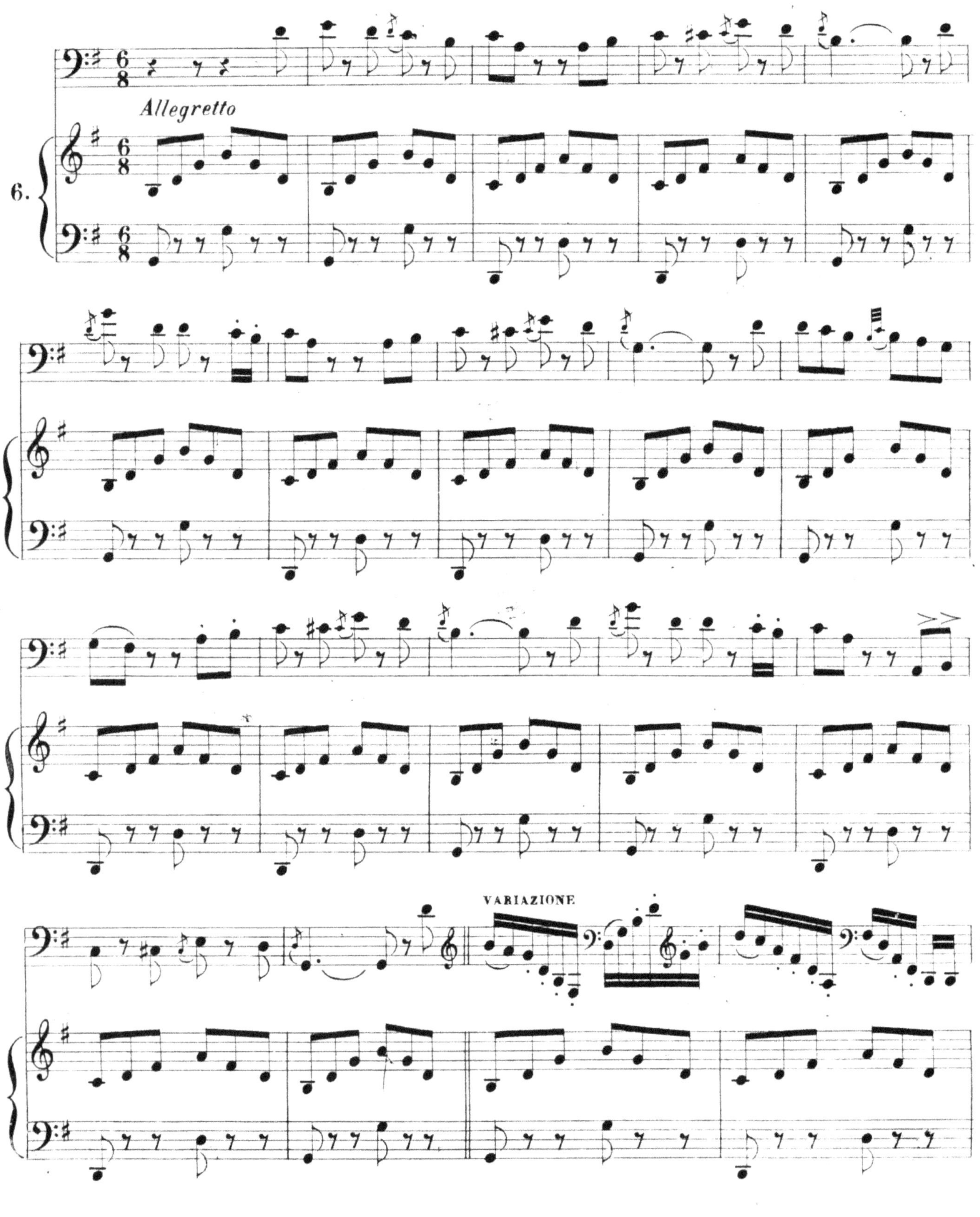

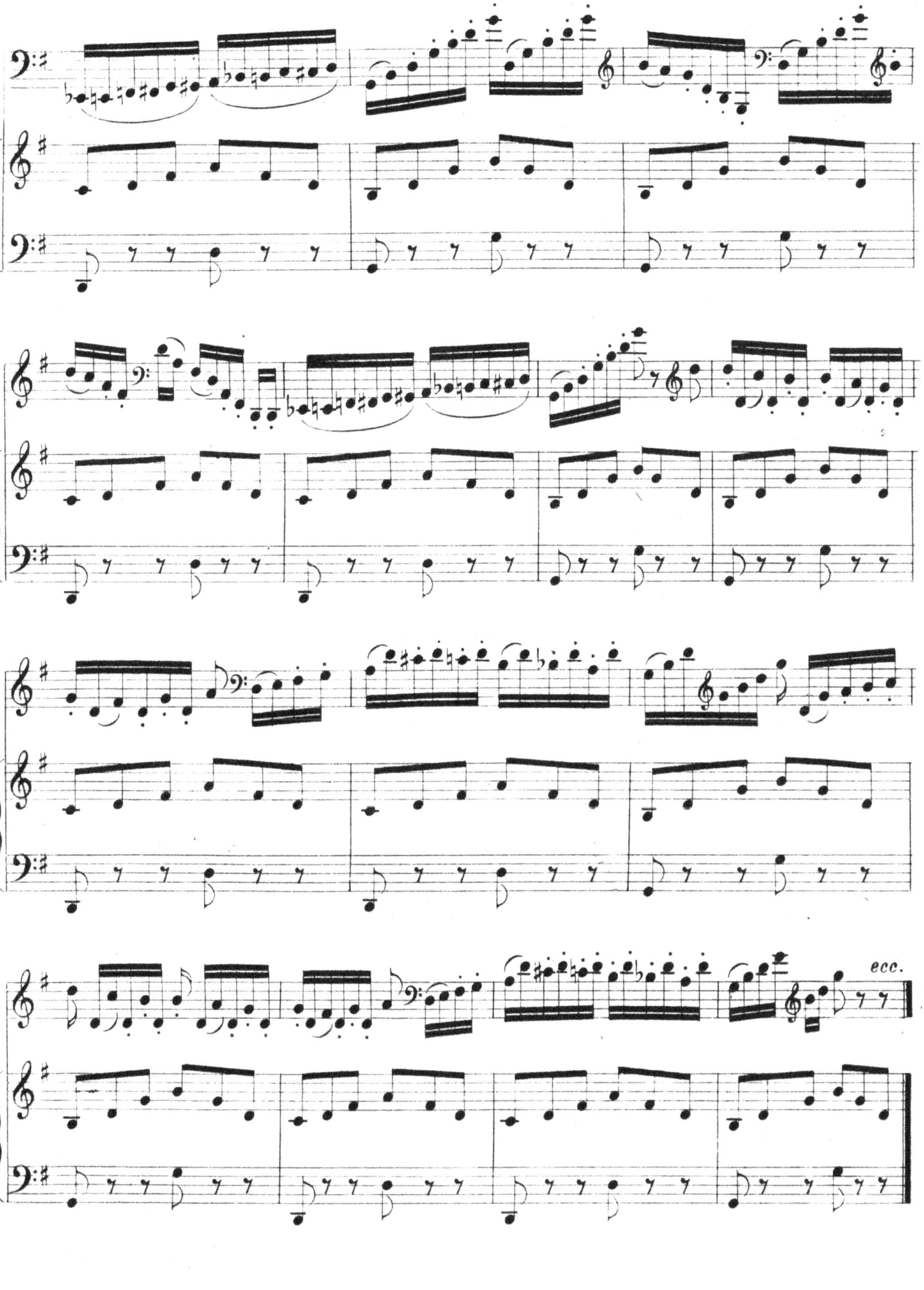
ecc.

INDICE

www.ingramcontent.com/pod-product-compliance
Lightning Source LLC
Chambersburg PA
CBHW080858090426
42738CB00014B/3194